NZZ **LIBRO**

Katja Gentinetta
Worum es im Kern geht

Ein politikphilosophischer Blick auf
die Krisen der Gegenwart

NZZ Libro

Bibliografische Information der Deutschen Nationalbibliothek

Die Deutsche Nationalbibliothek verzeichnet diese Publikation in der Deutschen Nationalbibliografie; detaillierte bibliografische Daten sind im Internet über http://dnb.d-nb.de abrufbar.

© 2017 NZZ Libro, Neue Zürcher Zeitung AG, Zürich

Lektorat: Ingrid Kunz Graf, Stein am Rhein
Umschlaggestaltung: TGG Hafen Senn Stieger, St. Gallen, unter Verwendung einer Fotografie von Benjamin Hofer
Gestaltung, Satz: TGG Hafen Senn Stieger, St. Gallen
Druck, Einband: Kösel GmbH, Altusried-Krugzell

Dieses Werk ist urheberrechtlich geschützt. Die dadurch begründeten Rechte, insbesondere die der Übersetzung, des Nachdrucks, des Vortrags, der Entnahme von Abbildungen und Tabellen, der Funksendung, der Mikroverfilmung oder der Vervielfältigung auf anderen Wegen und der Speicherung in Datenverarbeitungsanlagen, bleiben, auch bei nur auszugsweiser Verwertung, vorbehalten. Eine Vervielfältigung dieses Werks oder von Teilen dieses Werks ist auch im Einzelfall nur in den Grenzen der gesetzlichen Bestimmungen des Urheberrechtsgesetzes in der jeweils geltenden Fassung zulässig. Sie ist grundsätzlich vergütungspflichtig. Zuwiderhandlungen unterliegen den Strafbestimmungen des Urheberrechts.

ISBN 978-3-03810-277-9

www.nzz-libro.ch
NZZ Libro ist ein Imprint der Neuen Zürcher Zeitung.

Inhaltsverzeichnis

Zurück auf Feld eins 7

I. Die Schweiz **17**
Die Referendumshürde ist zu niedrig 19
Verschwörungstheater 21
Radikaler werden 23
Über Mut und Tapferkeit in der Politik 26
Wozu Wahlkampf? 28
Wahlen und Widersprüche 30
Das «Volk» und die Zivilgesellschaft 32
Demokratie auf dem Prüfstand 34
Die Skepsis vor dem Zentrum 36
Eine kleine Geschichte zum 1. August 39

II. ... und die anderen **47**
Souveränität und aussenpolitische Machbarkeit . . . 49
Sündenfall Selbstbedienungsladen 52
Die Schweiz profitiert von der EU 54
Recht vor Macht für die Kleinen 56
Das Reduit ist eine Illusion 58
EU-Wahlen: Vom Protest zum Programm? 62
Mythos Unabhängigkeit 64

III. Die Märkte **67**
Fairness für wen? 69
Apokalypse jetzt 71
Erpressung zahlt sich aus? 73
Von Vor- und Leitbildern 75
Moral für alle 77
Wenn Steuern zahlen «in» wird 79
Unternehmertum und Bürgertum 81
Von Bankern und Bauern 83

IV. ... und die Menschen ... 85
Der Gipfel der Anspruchsgesellschaft ... 87
Westlicher Frühling ... 89
Freiheit für alle – Verantwortung für alle anderen ... 91
Kontrastprogramm ... 93
Gewalt statt Diskurs ... 95

V. Das andere Ende der Geschichte? ... 97
Demografie als Argument ... 99
Toleranz und Intoleranz ... 101
Migration nüchtern diskutieren ... 103
Auf die Urteilsfähigkeit! ... 105
Für eine Ethik der Verantwortung ... 107
Postnationale Politik? ... 109
Der digitale Imperativ ... 111

Verzeichnis der erwähnten Werke ... 113

Dank ... 116

Die Autorin ... 117

Zurück auf
Feld eins

Ob Demokratie, Freihandel oder internationale Zusammenarbeit: Zentrale Errungenschaften, mit denen offene Gesellschaften Kriege, Revolutionen und Hungersnöte erfolgreich hinter sich lassen konnten, sind derzeit in Gefahr. Was politisch wie ökonomisch während Jahrzehnten für Stabilität und Wachstum gesorgt hat, wird mitunter mutwillig aufs Spiel gesetzt. Die offene Gesellschaft ist bedroht, von innen wie von aussen. Sie zwingt sich damit gleichsam zurück auf Feld eins: an den Beginn einer langen Auseinandersetzung mit der Frage, wie wir Menschen in und zwischen Staaten friedlich und prosperierend mit anderen koexistieren können, trotz unterschiedlicher Herkünfte, Lebensauffassungen und Ziele. Wie konnte es so weit kommen?

Die Krisenkaskade der vergangenen Jahre hat wesentliche Grundüberzeugungen unserer liberalen Gesellschaftsordnung radikal herausgefordert, wenn nicht auf den Kopf gestellt. Die «Subprime-Krise» mit dem plötzlichen Absturz fehlgeleiteter Hypotheken in den USA im Herbst 2007 warf ein grelles Licht auf die Verwerfungen im Finanzsystem. Was eigentlich hätte Wachstum und Wohlstand generieren sollen, produzierte Elend und Verunsicherung auf breiter Front. Dass die leichtsinnige Vergabe von Hypotheken mitunter auf staatliche Programme zurückzuführen war, änderte am weit verbreiteten Eindruck nichts: Die Banken standen am Pranger, denn sie hatten verantwortungslos gehandelt, und zwar auf Kosten ihrer Kunden. Einige von ihnen mussten im Zug der darauffolgenden *Finanzkrise* im Jahr 2008 vom Staat gerettet werden, und ohne massive Liquiditätszufuhr durch die Zentralbanken wäre die Wirtschaft in zahlreichen Ländern kollabiert. Damit war das Prinzip einer freien Marktwirtschaft, die ihre Kräfte möglichst ohne staatliche Einmischung entfalten soll, jäh infrage gestellt.

Die anschliessende *Wirtschaftskrise*, die zunächst in eine Rezession führte und nur langsame Erholung erlaubte, präsentiert sich im Rückblick zwar weniger einschneidend als befürchtet. Sie rief aber schmerzhaft in Erinnerung, dass stetes Wachstum eine Illusion ist. Nach Jahrzehnten kontinuierlichen Aufschwungs, in denen sowohl Ökonomen wie Anleger unter dem Stichwort «The Great Moderation» Volatilität und Konjunkturschwankungen für überwunden hielten, kratzten diese Rückschläge spürbar am allgemeinen Credo, wonach die Wirtschaft, wenn sie ohne einengende Regulierung agieren kann, die besten Resultate erziele. Manch ein Politiker blickte mit Abneigung, wenn nicht Verachtung auf die Wirtschaft, besonders auf die Banken; das von Kapitalismuskritikern schon immer prophezeite «Marktversagen» wurde mit Häme kommentiert. Nach jahrzehntelanger Dominanz der Wirtschaft meldete sich die Politik zurück.

In den darauffolgenden Monaten geriet die *Eurokrise* ins Zentrum der Aufmerksamkeit: eine Fortsetzung der beiden vorangehenden Krisen im Euroraum, die das Wachstum in den Euroländern nicht nur deutlich schwächte, sondern vor allem auch die wirtschaftlichen Ungleichheiten und wirtschaftspolitischen Diskrepanzen zwischen den verschiedenen Eurostaaten schonungslos zutage förderte. Sie wies mit einer nicht zu negierenden Deutlichkeit auf die unangenehme Tatsache hin, dass die Europäische Wirtschafts- und Währungsunion, gegründet in der Hoffnung, auf die wirtschaftliche Integration folge die politische automatisch, in manchen Teilen eine Fehlkonstruktion ist. Selbst der im Sommer 2010 errichtete Euro-Rettungsschirm, der den hoch verschuldeten Staaten unter die Arme greifen sollte, konnte nicht verhindern, dass in der Folge die *Griechenland-Krise* die öffentliche Aufmerksamkeit auf sich zog. Die Kapitalmärkte spekulierten auf den Ausstieg Griechenlands aus dem Euroraum; geschehen ist er bis heute nicht. Die Öffentlichkeit erhielt in diesen Monaten dennoch den Eindruck, die Staaten seien vom Kapitalmarkt Getriebene und hätten ihr Schicksal nicht mehr selbst in der Hand.

Diese Krisen in der Europäischen Union machten mehr als deutlich, dass eine Währungsunion ohne weitere institutionelle Vorkehrungen nur schlecht funktionieren kann. Zwar wurde 2014 die Bankenunion mit einheitlichen Aufsichts- und Abwicklungsmechanismen errichtet. Weiterführende Ideen wie eine Fiskalunion oder finanzielle Transfers, wofür der schweizerische Finanzausgleich wie bereits die Schuldenbremse das Vorbild sein könnte, werden aus sachlichen Gründen ebenso wie aufgrund mangelnder demokratischer Unterstützung mit Zurückhaltung verfolgt. Angesichts der weit verbreiteten Staatsverschuldung war es aber nun an den Ökonomen, die Politik auf ihre Fehleinschätzungen und Illusionen hinzuweisen; sie konnten ihren Ruf, der durch die Finanz- und Wirtschaftskrise gelitten hatte, wieder aufbessern.

Seit Sommer 2015 hält die *Flüchtlingskrise* Europa in Atem. Sie stellt aber nicht nur die EU, sondern alle europäischen Länder auf eine unerwartet harte Probe. Das Schengen-System kollabierte angesichts des Ansturms aus dem Balkan; die Flüchtlingsströme, die Europa über das Mittelmeer zu erreichen versuchen, sind ungebrochen. Entgegen institutioneller Vereinbarungen sind die Länder an den EU-Aussengrenzen weitgehend auf sich selbst gestellt. Anstelle der vorgesehenen geordneten Identifikation, Aufnahme und Verteilung von Flüchtlingen beherrschen zuerst Willkommensbekundungen, dann Zäune und Obergrenzen die Politik. Die anfängliche Unterstützungseuphorie namentlich in Deutschland wich einer breiten, aber inzwischen umso tieferen Skepsis, um nicht zu sagen: Angst. Migranten, die vor ihrer drohenden Abschiebung untertauchen, und Flüchtlinge, die (teilweise zu spät) als IS-Terroristen enttarnt wurden, tragen das ihre zum weit verbreiteten Unbehagen bei.

Was im Zuge des grassierenden Populismus in Europa als «Elitenversagen» diagnostiziert wird, kann zumindest teilweise auch als «Staatsversagen» angesehen werden. Grenzen sind zwar vorhanden, ebenso Gesetze, um beispielsweise zwischen Kriegsflüchtlingen und Wirtschaftsmigranten zu unterscheiden und über Verbleib oder Ausweisung zu entscheiden. Es gelingt den Behörden jedoch nicht, diese Entscheide auch durchzusetzen und zu vollziehen. Während Migration und Terrorismus ein Sicherheitsproblem offenbaren, blickt die Bevölkerung konsterniert auf den Staat und verliert Vertrauen in ihn. Die gewählten Politikerinnen und Politiker versuchen nach Kräften, ihre Handlungsfähigkeit zu verbessern und ihre Durchschlagskraft zu stärken – derweil den Populisten die bequeme Aufgabe bleibt, mit dem Finger auf jene zu zeigen, die an den Schalthebeln sitzen: die «classe politique», das «establishment», die «Eliten».

Und genau damit sind wir beim vorläufigen Kulminationspunkt dieser Krisenkaskade angelangt, die fundamentaler nicht sein könnte: einer *Krise der Demokratie*. Die zunehmende

Begeisterung für autoritäre Politik manifestiert sich im Erfolg der populistischen Parteien in Westeuropa ebenso wie in den demokratisch gewählten, aber autoritär agierenden Regierungen in Ungarn oder Polen. Der Ruf nach dem «starken Mann» findet seinen Ausdruck in der Bewunderung für Putin wie auch in der überdurchschnittlichen Zustimmung für Erdogans Verfassungsreferendum durch die Auslandtürken in Europa. Demokratie und Rechtsstaat sind also keineswegs so unangreifbar wie angenommen. Allzu bequem hat man sich auf die Anziehungskraft von Freiheit und Wohlstand verlassen, ohne sich Gedanken darüber zu machen, wie das, wofür unsere Vorfahren noch gekämpft haben, auch gesichert werden kann.

Unter Druck gerät die Demokratie auch durch die Dynamik der Globalisierung und ihre negativen Begleiterscheinungen. Während die stete und günstige Verfügbarkeit von Waren, Dienstleistungen und Kapital weitgehend unbestritten ist, stellt der globale Wettbewerb um Arbeitsplätze, Talente und Kosten die nationalen Volkswirtschaften auf eine harte Probe. Mit grosser Klarheit hat der amerikanische Politologe Dani Rodrick das «Globalisierungstrilemma», wonach sich Globalisierung, Demokratie und nationale Souveränität nicht gleichzeitig vorantreiben lassen, aufgezeigt. In der Tat müssen die Nationalstaaten, idealerweise im Rahmen internationaler Kooperation, die Balance zwischen Globalisierung und nationalen Präferenzen fortlaufend neu aushandeln – ein Prozess, für den die demokratische Mitbestimmung zunehmend lauter eingefordert wird.

Zusätzlich genährt wird diese Krise der Demokratie durch eine weit verbreitete Zukunftsangst, die neben den bereits dargestellten Phänomenen auch der fortschreitenden Digitalisierung geschuldet ist. Die Aussicht auf einen sozialen Aufstieg ist heute weit weniger selbstverständlich als für die letzten Generationen; für das Verschwinden zahlreicher angestammter Arbeitsplätze zeichnet sich noch kein vollumfänglicher Ersatz ab. Der Ruf nach der rettenden Hand des Staats, nach strukturerhaltender Unterstützung oder einem bedingungslosen Grundeinkommen dokumentiert deutlich – und unabhängig von ihrer sachlichen Qualität – die abhandengekommene Zuversicht und die Sorge um die eigene Existenz. Mit Blick auf die noch zu wenig beachtete Tatsache, dass die westlichen Demokratien bisher unter Bedingungen steten Wachstums und steigenden Wohlstands funktioniert haben, wo jeder tatsächliche und gefühlte Mangel mit Unterstützungsleistungen ausgeglichen werden konnte, zeichnen sich markante Herausforderungen ab.

Eine weitere Beobachtung kommt hinzu. Analysen über die in mancher Hinsicht überraschenden Abstimmungen der letzten Monate – die Masseneinwanderungsinitiative in der Schweiz, den Brexit in Grossbritannien und die Wahl Donald Trumps zum Präsidenten der USA – kommen zum Schluss, dass in allen drei Fällen eine überdurchschnittliche Mobilisierung weniger privilegierter Bevölkerungsgruppen stattfand: sozial und wirtschaftlich schwächer gestellte, weniger gebildete und mehrheitlich auf dem Land lebende Menschen, die sich in der aktuellen Politik nicht vertreten fühlen und daher ihrer Frustration an der Urne Luft machten. Damit drängt sich der Schluss auf, dass es die bisher weitgehend konstante Wahl- und Abstimmungsbeteiligung war, die für ebenso weitgehend vorhersehbare, im Allgemeinen als «vernünftig» zu bezeichnende Entscheide sorgte, während die neu mobilisierten Wählergruppen ein beachtliches Risikopotenzial bergen. Dies wirft eine sehr grundsätzliche Frage auf: Ist die Demokratie, deren Kern zwar die Mitbestimmung *aller* Bürgerinnen und Bürger darstellt, nur dann ein Garant für eine stabile, vorhersehbare Politik, wenn sich *nicht alle* daran beteiligen? Anders gefragt: Gerät sie dann in eine Krise, wenn sie ihr eigentliches Prinzip, nämlich die Teilhabe aller oder zumindest möglichst vieler, realisiert?

Das Nachdenken darüber, wie die Demokratie gestaltet werden kann, ohne sie durch den «Pöbel» oder die Masse zu gefährden, ist so alt wie die Demokratie selbst. Bereits Aristoteles warnte vor einer Demokratie, in der nicht das Gesetz, sondern die «Menge» herrscht, angeleitet durch «Demagogen» und «Schmeichler». Neuere Überlegungen dazu, etwa der Ausschluss von «Uninformierten» von politischen Entscheiden durch einen Test oder die Wahl durch Los, beziehen sich auch darauf. Sie dürften noch nicht die Lösung sein, forcieren aber das Nachdenken über wichtige Fragen.

Diese Krise der Demokratie ist damit grundsätzlicherer Natur als alle vorherigen. Sie schliesst niemanden mehr von der Verantwortung aus. In einer Demokratie sind alle, die wählen und abstimmen können, und zwar unabhängig davon, ob sie dies tun oder nicht, dafür mitverantwortlich, was in einem Staat geschieht. Werden wirtschaftliche Globalisierung und zu hohe Einwanderung, mangelnde Bildung und ungleiche Chancen, zu wenig Arbeitsplätze oder zu tiefe Löhne, das schwindende Gefühl von Heimat und Identität und riskante Formen der Wählermobilisierung gleichermassen beklagt, kann sich niemand aus der Affäre ziehen. Weder kann sich die Politik über die Wirtschaft auslassen, noch kann sich die Wirtschaft über die Politik beklagen, ebenso wenig die Nichtgewählten über die Gewählten, und schon gar nicht die Gewählten über ihre Wählerinnen und Wähler. Niemand in einer Demokratie kann die Verantwortung gänzlich abschieben: ob nach oben, unten, rechts oder links. – Vielleicht rührt genau daher der Hoffnungsschimmer aus Frankreich: ein politischer Aufbruch, der nicht nur dem Populismus trotzt, sondern die gemeinsame Zukunft über traditionelle Parteigrenzen hinaus in Angriff nimmt.

Insgesamt droht die dargestellte Krisenkaskade in eine tief greifende Orientierungskrise zu münden: Schulden begleichen? Wozu auch, wenn das Geld gedruckt werden kann. Einer Frau die Hand schütteln? Das muss jede Kultur für sich entscheiden. Grenzschutz? Wir wollen doch keine Mauern. Wahrheit und Fakten? Alles eine Frage der Betrachtung. – Wenn sowohl auf oberster politischer Ebene wie auch in der breiten Öffentlichkeit kein Bewusstsein mehr dafür besteht, dass es ökonomische Gesetzmässigkeiten gibt, die nicht einfach von der Hand zu weisen sind, dass Fakten erhärtet sind, die nicht zu leugnen sind, oder dass gewisse Grundsätze des Zusammenlebens zumindest bei uns Gültigkeit besitzen sollen, ist dies ein Ausdruck eines Relativismus, der nicht folgenlos bleiben kann.

Lange vor der Ausrufung des «postfaktischen Zeitalters» hat Hannah Arendt in ihrem Aufsatz «Wahrheit und Politik» die Unterscheidung zwischen «Vernunftwahrheiten» und «Tatsachenwahrheiten» erörtert. Während Vernunftwahrheiten wie mathematische, wissenschaftliche oder philosophische Erkenntnisse aufgrund ihrer inneren, einsichtigen Logik Gültigkeit besitzen, sind Tatsachenwahrheiten der ständigen Gefahr ausgesetzt, von der Politik aus Gründen der Macht infrage gestellt, manipuliert oder gänzlich ersetzt zu werden. Allerdings, so Arendt, überdauern Tatsachen aufgrund ihrer «Hartnäckigkeit» jedes auch noch so komplexe Lügengebäude. Es besteht also die berechtigte Hoffnung, dass Nachweise und die «rule of law» nicht nur dem amerikanischen Präsidenten irgendwann Einhalt gebieten oder der russische Präsident seine Propaganda nicht ewig fortsetzen kann. Vielmehr werden weitere krisenhafte Ereignisse deutlich machen, welche Grundsätze und Regeln zu Recht hochgehalten werden müssen.

Wer mit der angeblichen Beliebigkeit politischer Konzepte und kultureller Werte argumentiert, sei daran erinnert, dass es eine lange Geschichte der politischen Auseinandersetzung darüber gibt, wie wir zusammenleben wollen, welche Normen sinnvollerweise gelten und wo die Toleranz ihre Grenzen erreicht. Dies gilt für das menschliche Zusammenleben ebenso wie für die ökonomische Entfaltung von Individuen und Unternehmen. Und genau diese Normen und Konzepte haben uns nicht zufällig jene Sicherheit und jenen Wohlstand beschert, deren Gefährdung uns heute Sorgen bereitet.

Dies ist denn auch die Stossrichtung des hier vorliegenden Bands: Politik westlichen Zuschnitts und das Nachdenken über sie ist über 2000 Jahre alt. Es begann mit dem Idealstaat von Platon und führte von Aristoteles über gottesstaatliche Konzepte des Mittelalters in die Neuzeit zu Hobbes, Tocqueville oder Kant. Sie haben wie nach ihnen Hannah Arendt, Karl Popper oder John Rawls ganz wesentlich dazu beigetragen, Gesetzmässigkeiten des menschlichen Zusammenlebens in einer politisch verfassten Gesellschaft zu verstehen und entsprechende Normen zu formulieren, die auch heute noch unbestrittene Gültigkeit besitzen. Auf ihrem Fundament sind die Herausforderungen von heute zu analysieren. Die klassischen Prinzipien legen nach wie vor die heiklen Punkte staatlicher Ordnungen offen, und sie geben Hinweise darauf, wie diese anzugehen sind. Wenn wir schon Gefahr laufen, uns politisch wie gesellschaftlich von wichtigen Errungenschaften leichtfertig zu verabschieden, sind diese (Er-)Kenntnisse umso wichtiger. Zurück auf Feld eins heisst nicht mehr und nicht weniger, als sich dieser Grundsätze und Prinzipien – einschliesslich der Risiken, die wir eingehen, wenn wir sie nicht beachten – bewusst zu sein. Und dies gilt für die Auseinandersetzungen auf nationaler wie globaler Ebene.

Der vorliegende Band versammelt Gastbeiträge aus den Jahren 2011 bis 2017, mehrheitlich erschienen in der *Aargauer Zeitung* respektive in der *AZ Nordwestschweiz,* in der *Neuen Zürcher Zeitung,* in *Die Zeit* und in der *Handelszeitung.* Auch eine 1.-August-Rede, gehalten auf der Lenzburg, ist darin enthalten. Der erste Teil enthält jene Beiträge, in denen es um die Politik in der Schweiz geht, der zweite solche, in der das Verhältnis der Schweiz zur Europäischen Union sowie deren politischer Verfassung im Zentrum stehen. Ausgehend von der Finanzkrise erörtern die Artikel des folgenden Kapitels wirtschaftspolitische Fragen, gefolgt von Auseinandersetzungen mit der gesellschaftlichen Sicht auf die Wirtschaft. Den Schluss machen jüngere Beiträge, die sich mit den Ereignissen und Debatten der letzten zwei Jahre – Migration, Terrorismus, Krieg, Digitalisierung – auseinandersetzen. Sie stellen Francis Fukuyamas Prognose des Endes der Geschichte mit dem Erreichen der liberalen Demokratie zumindest vorläufig infrage.

Die Beiträge erheben nicht den Anspruch einer wissenschaftlichen Erörterung aktueller Zeitfragen. Sie weisen jedoch auf die politikphilosophischen Grundfragen hin, die hinter den Phänomenen stecken, die uns heute beschäftigen. Sie sind somit auch als Ausgangspunkt für weiteres eigenes Nachdenken zu verstehen. Dies ist nach wie vor der Anspruch an eine offene Gesellschaft, wenn sie vernünftige Entscheide hervorbringen will. Nur wenn wir an diesem Anspruch festhalten, können wir uns vor autoritären Verführungen und fahrlässigen Relativierungen schützen.

I.
Die Schweiz …

Die Referendumshürde ist zu niedrig
AZ Nordwestschweiz, 25. Oktober 2012

Um ein Haar – das heisst um einige Tausend Unterschriften – hätte die Schweiz im November 2012 über die Steuerabkommen mit Deutschland, Grossbritannien und Österreich abgestimmt, wären die restlichen der dafür notwendigen Unterschriftenbögen rechtzeitig eingetroffen statt noch bei den Gemeinden gelegen oder mit der Post unterwegs. Der Ärger darüber vor allem beim Referendumskomitee ist verständlich, und nachvollziehbar ist auch, dass die Vorgänge in den betroffenen Gemeinden genauer überprüft werden. Das Problem sind aber weder die Gemeindebehörden noch die A- oder die B-Post, noch ungenügende Rechtsgrundlagen oder Fristen. Zu debattieren wäre vielmehr, ob 50 000 Unterschriften für ein fakultatives Referendum noch zeitgemäss sind.

Das fakultative Referendum wurde 1871 in der Bundesverfassung verankert; Voraussetzung dafür waren 30 000 Unterschriften innert drei Monaten. Diese erste grosse Revision der Bundesverfassung stand im Zeichen der Demokratisierung des jungen Bundesstaats. Die Vormachtstellung der Liberal-Radikalen, die als Sieger aus dem Sonderbundskrieg hervorgingen und in der Folge ihre Politik relativ ungehindert durchsetzen konnten, sollte durch die Einführung direktdemokratischer Instrumente abgeschwächt werden. In dieselbe Richtung zielte 1891 die Volksinitiative sowie 1919 die Einführung des Proporzwahlrechts. Mit der Integration der Katholisch-Konservativen 1891 in den Bundesrat und 1943 auch der Sozialdemokraten entstand das, was wir heute Konkordanz nennen: die Einbindung aller relevanten Kräfte in die Regierung. Die umfassenden Vernehmlassungsverfahren schliesslich stellen zusätzlich sicher, dass sämtliche Beteiligten und Betroffenen in den Gesetzgebungsprozess eingebunden sind.

Zum Vergleich: 1871 entsprachen 30 000 Unterschriften 5 Prozent der Stimmberechtigten. 1978 wurde die Mindestanforderung auf 50 000 Unterschriften erhöht, was noch 1,3 Prozent der Stimmberechtigten entsprach. Heute machen diese 50 000 Unterschriften gerade einmal ein knappes Prozent der Stimmberechtigten aus. – Es stellt sich schon die Frage, warum nur ein einziges

Prozent der Stimmberechtigten einen Entscheid, der aufgrund eines umfangreichen Mitwirkungs- und Entscheidungsfindungsprozesses, in den nicht nur die – notabene vom Volk gewählten – Bundesparlamentarierinnen und Bundesparlamentarier aller Parteien, sondern ebenso alle betroffenen Verbände und Institutionen ausführlich und umfassend einbezogen worden sind, nochmals infrage stellen kann. Freilich: Eine «Nachkontrolle» des Parlaments gehört zum Kern der direkten Demokratie; schliesslich kann ein fakultatives Referendum einen Parlamentsentscheid auch bestätigen und damit noch stärker legitimieren. Dennoch: Gemessen an seinen ursprünglichen Voraussetzungen bedürfte ein Referendum heute 250 000 Unterschriften; unter Einbezug des inzwischen konkordanten Systems müssten es eigentlich noch mehr sein.

Der ehemalige Bundesratssprecher Oswald Sigg, der den Fall der zu spät übermittelten Unterschriften in einem Gastbeitrag in dieser Zeitung ebenfalls erörtert hat, hat zweifelsohne recht, wenn er darauf hinweist, dass die Referendumsfähigkeit einen hohen Organisationsgrad und finanzielle Mittel erfordert; deshalb jedoch von einer «defekten Demokratie» zu sprechen, ist überrissen. Gerade in Zeiten von Internet, Facebook und Twitter ist es einfacher und auch günstiger geworden, in kurzer Zeit und mit weniger Kosten viele Menschen zu mobilisieren. Dass dennoch gewisse Anstrengungen unternommen werden müssen, ist nur recht und billig.

Natürlich ist jeder Einwand an einem Instrument der direkten Demokratie heikel. Demokratie bedeutet Volkssouveränität, gewiss, ist aber heute angesichts unserer pluralen Gesellschaften ohne demokratische Institutionen nicht mehr denkbar. Dazu gehören legitimierte Akteure, die in dafür vorgesehenen, ebenfalls legitimierten Verfahren Gesetze vorlegen und über sie entscheiden können. Ohne politische Behörden wären wir wieder bei der Basisdemokratie und damit auf Feld eins der institutionellen Entwicklung, wo der Einzelne der Willkür der Mehrheit ausgesetzt wäre und organisationsfähige Gruppen ein noch grösseres Gewicht hätten. Verhandlung, Kompromiss und Proporz – also jene Elemente, die wir in unserer Konkordanzdemokratie so hochhalten – müssten wir erst wieder erfinden.

Verschwörungstheater
AZ Nordwestschweiz, 26. Juni 2014

Wer derzeit die Bundespolitik verfolgt, wähnt sich in einem Schiller-Drama – allerdings nicht, wie manche es sich wünschten, im *Wilhelm Tell*, sondern in der *Verschwörung des Fiesco zu Genua*. Fiesco ist der tragische Held, der sich gegen den tyrannischen Sohn des Dogen, der alsbald in Genua die Macht übernehmen soll, erhebt. Er tut dies, weil andere ihn dazu ermuntern – ein Trüppchen, in dem jeder seine ganz persönliche Rechnung zu begleichen hat. Alle «verschworenen Republikaner» trauen dem obersten Verschwörer jedoch nicht, denn es bleibt ihnen nicht unverborgen, dass auch dieser mit dem monarchischen Staatsideal liebäugelt: «Fiesco wird Genuas gefährlichster Tyrann werden, das ist gewiss!» Der Aufstand bricht los, und der Sohn des Dogen wird planmässig ermordet. Fiesco sieht sich am Ziel und wirft sich den schweren Purpurmantel um, worauf ihn sein engster Mitstreiter damit ins Meer stösst. Fiesco ist – eine typische Figur Schillers – der Verschwörer, der sich über die schlechte Welt, die seinen Idealen nicht gerecht wird, empört, um am Ende über seine eigenen Ansprüche zu stolpern.

Der Antityrann wird selbst zum Tyrannen und geht daran zugrunde. Oder, wie es in einer der Deutungen – Rousseaus «volonté générale» vor Augen – noch trefflicher heisst: Fiesco verwechselte seinen individuell-besonderen Willen mit dem der Allgemeinheit. – Schade, wird das Stück derzeit nicht an den Zürcher Festspielen gegeben; Ähnlichkeiten mit gegenwärtigen politischen Ereignissen oder Figuren wären ja rein zufällig.

So viel zur Verschwörung auf der Bühne. Noch schöner ist die Verschwörung in der Theorie – sprich: die Verschwörungstheorie. Sie bezeichnet alle Denkfiguren, in denen die Ursachen für Ereignisse und Entscheidungen nicht in den offensichtlichen, also vernunftmässig erschliess- und sichtbaren Zusammenhängen gesucht werden, sondern bei verborgenen Mächten, die dahinter vermutet werden. Verschwörungstheorien resultieren letztlich aus dem Gefühl, undurchschaubaren Machtverhältnissen ausgesetzt zu sein. Die Bedrohung wird dabei überhöht, ja geradezu mystifiziert. In gesellschaftlichen, politischen Zusammenhängen werden diese bedrohenden Mächte gerne personifiziert, damit sich die Furcht auf bestimmte Menschen oder Gruppen richten kann.

Wenn nun von Verschwörung in unserer Politik die Rede ist, müssen wir uns fragen, wer sich denn gegen wen verschworen hat. Alle Parteien gegen eine? Der Bundesrat gegen das Volk? Die EU gegen die Schweiz? Oder gar das Volk gegen seine Partei? – Die Westschweizer gegen die Deutschschweizer? Die Deutschen gegen die Schweizer? Die Halb-, Fast- und Möchtegern-Schweizer gegen die richtigen, echten, authentischen Schweizer? (Ob die Frauen hier, wie üblich, stillschweigend mitgemeint sind, will ich für den Moment einmal als unerheblich beiseitelassen.) – Oder die Demokraten gegen die Tyrannen? Die Tyrannen gegen die Diktatoren? Die Institutionen gegen die Bürger? Das System gegen die Menschen? Die Medien gegen das System?

In jedem Fall scheint das Durcheinander perfekt, und für wen es das noch nicht ist, kann ja noch nachhelfen: mit abenteuerlichen Erzählungen, chaotischen Argumentationen und tollkühnen Unterstellungen. Damit werden aus Tätern Opfer, aus Opfern Täter, derweil sich die Retter längst selbst in Sicherheit gebracht haben.

Schillers Stück, von ihm als «republikanisches Trauerspiel» bezeichnet, war übrigens ein Fiasko. (Zur Klärung: Fiesco hiess sein genuesischer Verschwörer. Fiasko ist ein Spitzname für einen venezianischen Versager: den Glasbläser, der fehlerhafte Gläser in Flaschen umarbeitete, weil diese nicht so perfekt sein mussten.) Die erfolglose Uraufführung konnte auch durch Neufassungen nicht aufgefangen werden. Fiesco konnte weder ertränkt noch erdolcht überzeugen, und auch als Happy End mit dem siegreichen Verschwörer als Republikaner und «glücklichstem Bürger» konnte das Publikum diesem Stück nicht viel abgewinnen. Weshalb, weiss man nicht, aber vermuten darf man. Gut möglich, dass das Publikum das, was es täglich auf der Politbühne mitbekam, abends nicht auch noch im Theater sehen wollte. Es hätte dort lieber gelacht. Vielleicht aber war ihm das Lachen auch schon vergangen.

Radikaler werden
Die Zeit, 9. Oktober 2014
Erschienen unter der Titelgeschichte «Wie kann man die SVP stoppen?»

Der Jurist und spätere Politiker Alexis de Tocqueville warnte mit Blick auf die Demokratie in Amerika vor einer «Tyrannei der Mehrheit», die allein durch die Institution eines Verfassungsgerichts verhindert werden könne. Das war 1835. Ein solches Gericht fehlt in der Schweiz bis heute. Auch deshalb erleben wir hierzulande die Tyrannei einer Minderheit, die mit einem breit angelegten Apparat und viel Geld die direkte Demokratie instrumentalisiert und damit die schweizerische Politik vor sich hertreibt.

Vorläufiger Höhepunkt ist das Ja zur Masseneinwanderungsinitiative. Seitdem ist der bilaterale Weg tatsächlich gefährdet. Die postwendende Antwort aus Brüssel – auf oberster Ebene und abgestützt durch ein einstimmiges Votum der Mitgliedstaaten – hätte deutlicher nicht ausfallen können: Verhandlungen über die Personenfreizügigkeit sind ausgeschlossen. Der 9. Februar hat aber auch dazu geführt, dass die SVP nun endlich offen zu ihrer antibilateralen Politik steht. Die seither angekündigten Initiativen sind ganz auf dieser Linie. Eine weitere Asylinitiative könnte das Asylrecht faktisch abschaffen und – ganz nebenbei – das Schengen-Dublin-Abkommen infrage stellen. Eine Initiative zum Vorrang des Landesrechts vor dem Völkerrecht würde internationales Recht aushebeln. Nur von der angekündigten Initiative der Auns (Aktion für eine unabhängige und neutrale Schweiz) zur Reduktion der Beziehungen zur EU auf das Freihandelsabkommen von 1972 hört man nichts mehr – sie ist auch nicht mehr nötig, denn diesen Teil dürfte die EU für uns erledigen. Der SVP aber geht es nicht nur um das Ende des bilateralen Vertragswerks mit der EU. Mit ihren Initiativen zielt sie auf die systematische Aushöhlung übergeordneten und grundlegenden Rechts. Die Rechnung ist einfach: Werden Völkerrecht und Menschenrechte ausgehebelt, bleibt am Ende nur noch: die schweizerische Verfassung. Und diese kann man mit Initiativen ja beliebig verändern. Sollte sich die Umsetzung der Initiativen verzögern, kann man den Prozess mit der Androhung einer «Durchsetzungsinitiative» beschleunigen und den Rechtsweg gleich ganz ausschliessen. Die politischen Institutionen, auf denen unsere Demokratie fusst, um ausgewogene Entscheide zu produzieren und Minderheiten zu schützen, werden auf diese Weise hinfällig. Die Mehrheit bestimmt, und sei sie noch so klein. Wer nun streng wissenschaftlich argumentiert, mit Geld liessen sich keine Abstimmungen gewinnen, hat zwar im Einzelfall recht, verschliesst aber den Blick aufs Ganze. Die beträchtlichen finanziellen Mittel der SVP haben die politische Kultur im Land spürbar verändert. Statt Konsens und Kompromiss beherrschen Radau und Radikalisierung die Politik; Demagogie statt Demokratie lautet das Rezept. Man verführt das Volk, indem man auf einfache Botschaften setzt, an die Instinkte appelliert und Probleme bewirtschaftet, ohne Lösungen anzubieten.

Dieser Vereinfachung kann man wenig anderes als die Realität entgegensetzen, und die ist leider etwas komplexer: Die Schweiz ist weder eine autarke Insel, noch sind alle «das Volk», das die SVP zu vertreten suggeriert. Herabwürdigung von «nicht richtigen» Schweizern, Diffamierungen der politischen Gegner, Denunziation von politisch anders gesinnten Lehrern, wie es nun die junge SVP lanciert hat, tun das Übrige, um die politischen Gegner mundtot zu machen. Es wird eng in diesem Land. Man kann nicht darüber nachdenken, wie man die SVP stoppt, wenn man sich dieser Dynamik nicht bewusst ist und sich nicht eingesteht, dass das, was wir derzeit sehen und hören, nicht einfach Wahlkampf ist, sondern Politik. Dass es nicht um Taktik geht, sondern um Inhalte. Der Stil ist nur noch der Mantel – eine Hülle zur Erreichung der Ziele.

Nüchtern betrachtet, verfolgt die SVP zweierlei: die Abschottung unseres Landes nach aussen und die Durchsetzung einer einfachen Mehrheitsdemokratie nach innen. Wer kann sie stoppen? Alle anderen und das Volk. Die radikale Politik der SVP zwingt – bei allem Bedürfnis nach Differenzierung – zum ebenso radikalen Positionsbezug. Wer nicht gegen die SVP ist, ist für sie. Das gilt für die Parteien ebenso wie für die Stimmbürgerinnen und Stimmbürger. Alle, die Politik machen, müssen wissen, mit wem sie Koalitionen bilden. Alle, die abstimmen und wählen können, müssen überlegen, wem sie die Stimme geben und zu welchen Initiativen sie Ja sagen. Deshalb: Denket, freie Schweizerinnen und Schweizer, denket! Es geht um unser Verhältnis zur EU, aber nicht nur. Es geht darum, ob wir uns als Land abschotten, von der Welt, vom Handel und von Rechtsgrundlagen, die unseren Wohlstand sichern und uns vor Willkür schützen.

Über Mut und Tapferkeit in der Politik
AZ Nordwestschweiz, 2. April 2015

In den letzten Wochen wurde viel darüber diskutiert, ob der Bundesrat mit seinem Vorschlag zur Umsetzung der Masseneinwanderungsinitiative nun mutig sei oder nicht. – Was aber wäre mutig? Eine Deutung des Abstimmungsergebnisses? Oder, wie die Initianten fast schon programmatisch befürchten, eine «Missachtung des Volkswillens»? Ausserdem: Kann und soll eine Regierung in einem direktdemokratischen Land überhaupt mutig sein?

Mut ist ein grosses Wort. Nach Hanna Arendt ist sie «die früheste aller politischen Tugenden», wobei sie sich auf die «Tapferkeit» bezieht. Letztere gehörte zu den Kardinaltugenden der griechischen Antike. Sie meinte vor allem die Standfestigkeit gegenüber dem Feind; ihr Gegenteil waren die Angst und der Übermut – meist beruhend auf einer Fehleinschätzung der eigenen Kräfte oder jener des Feindes. Tapferkeit war in einer Ära dauernder Kriege eine durchaus nützliche und sinnvolle Eigenschaft. Man musste verteidigen, was man hat: das Territorium, die Demokratie, die freien Künste.

Im postheroischen Zeitalter suchen wir die Helden andernorts. Mut, so hatte es Kant formuliert, zeigt, wer den eigenen Verstand gebraucht. Aufklärung hiess für ihn, überlieferte Glaubenssätze anzuzweifeln, von wem auch immer diese stammten. Unmündig war nicht, wem es an Verstand mangelte, sondern an der Entschlossenheit – und also an Mut. Mut bedeutet also anders als Tapferkeit nicht die Verteidigung des Vorhandenen, sondern vielmehr das kritische Hinterfragen desselben.

Was also ist nun mutig im Zusammenhang mit der Masseneinwanderungsinitiative, was tapfer – und was keins von beiden? Der Verfassungsauftrag ist klar: Die Zuwanderung soll autonom gesteuert und das Freizügigkeitsabkommen mit der EU neu verhandelt werden.

Der ehemalige Diplomat und Unterhändler der Bilateralen II, Michael Ambühl, entwickelte eine Formel, die, weil sie sich auch auf Migrationszahlen aus EU-Mitgliedstaaten stützt, eine Verhandlungsbasis darstellen soll. Das ist geschickt, da sich mathematische

Formeln auf wunderliche Weise der politischen Auseinandersetzung entziehen, aber keine Garantie. Der Wirtschaftsdachverband Economiesuisse schlägt eine wohlbegründete und dosierte Schutzklausel vor – ein pragmatischer Ansatz, wobei noch nicht klar ist, ob die EU sich darauf einlassen wird. Ein Komitee lancierte die Initiative «Raus aus der Sackgasse», die den neuen Verfassungsartikel ganz einfach wieder streichen will. Sie sind vielleicht die einzig Mutigen in der vertrackten Situation, weil sie einen Schritt wagen, der nicht im Rahmen des Üblichen liegt.

Und der Bundesrat? Er muss die Initiative umsetzen und hat seinen Vorschlag in die Vernehmlassung geschickt: Was autonom gemacht werden kann, soll so gemacht werden, nämlich im Ausländergesetz und auf dem eigenen Arbeitsmarkt durch die Förderung des einheimischen Personals. Verhandelt werden aber muss mit dem Verhandlungspartner, also der EU – und Ergebnisse von Verhandlungen können bekanntlich nicht von vornherein festgelegt werden. Sein Vorschlag ist also schlicht und klar, die Aussage unmissverständlich: Die Umsetzung bleibt die viel beschworene Quadratur des Kreises, daran kann auch die Exekutive nichts ändern. Deshalb schickt sie das Paket zurück an den Absender: an den Gesetzgeber im Parlament und, sollte jemand das Referendum ergreifen, an das Stimmvolk.

Der Bundesrat als oberste Koordinationsbehörde in einer direkten Demokratie? Das wünschten sich viele anders. Einige wollen aber genau das, denn schliesslich ist das Volk der Souverän. Der Bundesrat ist somit nicht mutig im eigentlichen Sinn, aber tapfer, denn er will das verteidigen, was die Schweiz hat und für sie wichtig ist: den Willen des Volkes und ein stabiles Verhältnis zur EU.

Und das Volk, genauer: das Stimmvolk? Vielleicht war es (zu 50,3 Prozent) am 9. Februar 2014 nicht nur mutig, sondern übermütig, indem es die Lage einfacher einschätzte, als sie ist. Ob und von wessen Glaubenssätzen es sich dabei leiten liess, sei dahingestellt. In jedem Fall muss es – vielmehr müssen wir, die Stimmbürgerinnen und Stimmbürger – die Suppe nun selbst auslöffeln. Das ist das Wesen der direkten Demokratie: Verantwortlich ist am Ende der Souverän, nicht der Bundesrat.

Wozu Wahlkampf?
AZ Nordwestschweiz, 28. Mai 2015

Es ist Wahlkampf. So muss die lapidare Feststellung lauten, wer die diversen Mediengewitter, die derzeit auf uns niederprasseln, einzuordnen versucht. Ob Kasachstan, Lobbying oder «Schulterschluss» – die Politik in der Schweiz kennt derzeit nur ein Ziel: die eidgenössischen Wahlen vom Herbst. Alles Tun und Lassen und vor allem alles Reden und Schweigen ist ausgerichtet auf das eine entscheidende Resultat: die prozentualen Veränderungen des Wähleranteils am 18. Oktober 2015.

Darum geht es. Worum aber *sollte* es gehen? Was muss die Politik, und was erwarten wir von ihr? Politik ist die öffentliche Angelegenheit, also alles, was alle Bürgerinnen und Bürger eines Gemeinwesens betrifft. Entsprechend ist es die Aufgabe von Politikerinnen und Politikern, im Interesse dieser Gemeinschaft zu entscheiden und zu handeln. Zum einen gilt es, vorauszuschauen und auch schwierige Wege einzuschlagen, zum anderen muss man wählbar sein und bleiben. Dass dieser Seiltanz zwischen Vorangehen und Sich-treiben-Lassen eine Kunst ist, also über das reine Können hinaus Gespür, Leidenschaft und Mut verlangt, ist eine alte Weisheit. Das macht Politik so schwierig – und so spannend.

Vermutlich weil Politik so schwierig ist, sind «Affären» dankbare Ablenkungsmanöver und Projektionsflächen. Wo andere Fehler machen, lässt sich trefflich von eigenen Unzulänglichkeiten ablenken. Wo es zahlreiche Details zu regeln gibt – etwa, ob, in welcher Form und mit welchen finanziellen Mitteln Lobbying gesetzlich erlaubt, politisch zulässig und moralisch vertretbar ist –, kann ausgiebig debattiert werden. Parteien und ihre Exponentinnen und Exponenten können sich als Saubermenschen mit Prinzipientreue und klaren moralischen Ansprüchen in Position bringen, während andere aus dem Strudel von Erklärung und Entschuldigung kaum herausfinden. Aufmerksamkeit ist in beiden Fällen garantiert.

Wie wichtig es auch ist, sich über die verschlungenen Wege unterschiedlicher Interessen ins Gefilde politischer Machtzentren klar zu werden – im Herbst wird es nicht darum gehen, welches Lobbying die Schweiz braucht und welches nicht. Viel wichtiger wird sein, wie die Schweiz ihre Zukunft sieht und wie sie diese anpacken will. Da stellt sich zum Beispiel im Rahmen der Altersvorsorge 2020 die Frage, ob wir gewillt sind, länger zu arbeiten – wo es doch im Nachgang zur Masseneinwanderungsinitiative offensichtlich gilt, das Inländerpotenzial auszunutzen. Dasselbe gilt für die Arbeitsmarktbeteiligung von Frauen. Sind Schulstrukturen, die nach wie vor darauf setzen, dass sich pro Haushalt ein Vollzeitpensum dem Management der vielfältigen und wechselnden Stundenpläne widmen kann, noch zeitgemäss? Und wie sieht es danach im Studium aus? Soll sich unsere nachfolgende Generation auf die Schweiz beschränken oder für ein Semester auch ins Ausland können? Und wenn wir schon bei den Universitäten sind: Wollen wir, dass dort auch weiterhin an internationalen Projekten und mit Forscherinnen und Forschern aus aller Welt gearbeitet wird, damit wir auch künftig unsere Position als wettbewerbsfähigstes Land halten können? Wem das zu weit weg ist, fragt sich vielleicht lieber, was wir mit der guten schweizerischen Wasserkraft in diesem so grundlegend umgewälzten Energiemarkt Europas tun sollen.

Dies alles sind Fragen, die für die Zukunft der Schweiz von eminenter Bedeutung sind. Und die wir, sosehr es manche schmerzen mag, nicht mehr gänzlich allein beantworten können. Denn sie alle tangieren mehr oder minder direkt auch unser Verhältnis zur Europäischen Union.

Dieser Tage läuft die Vernehmlassung zur Umsetzung der Masseneinwanderungsinitiative ab. Sie bietet beinahe unendlichen Stoff für wirklichen politischen Wahlkampf: nämlich die Auseinandersetzung darüber, was für unser Land das Beste ist. Beispielsweise dürfte die Frage, ob die Kantone bei der Festlegung der Kontingente mitreden dürfen oder nicht, zweitrangig sein. Entscheidender ist die Frage, was wir tun wollen, wenn wir uns zwischen Kontingenten und bilateralen Verträgen entscheiden müssen. Das sind Fragen, die Politik und Bürger in den kommenden Monaten und darüber hinaus verhandeln müssen. Erst dann machen die Prozentzahlen am 18. Oktober Sinn.

Wahlen und Widersprüche
AZ Nordwestschweiz, 17. September 2015

In einer bunt zusammengesetzten Gesprächsrunde über politische Herausforderungen der Schweiz wurde ich neulich Zeugin einer ebenso überraschenden wie berührenden Szene: Ein älterer Herr, der sich unter Bezugnahme auf sein Rentnerdasein schüchtern zurückhielt, wagte es in der Schlussrunde, seine Irritation über den Gewerkschafter, der neben ihm sass, kundzutun. Er habe bisher die Linke immer ausgesprochen migrantenfreundlich wahrgenommen; wenn er jetzt aber dem Gewerkschafter zuhöre, der gegen die Zuwanderung sei und allein die hiesigen Arbeitnehmer schützen wolle, stünde das doch in klarem Widerspruch dazu. Dem zuvor äusserst eloquenten Gewerkschafter verschlug es schlicht die Sprache. Wie auch immer er sich erklärt hätte, er hätte sich weiter in Widersprüche verstrickt. (Um allfällig naheliegende Protagonisten auszuschliessen: Die Szene spielte sich im Tessin ab.)

Parteiinterne Widersprüchlichkeiten sind nichts Neues. Im Wahlkampf treten sie allerdings gerade an den Polen mit besonderer Schärfe zutage. Die Linke profiliert sich mit einer langen Wunschliste an den Staat, ohne sich darüber auszulassen, wer diese nachhaltig finanzieren soll. Die Rechte stellt, wie üblich, die Ablehnung jeglicher Beziehung zur EU ins Zentrum und schlachtet das gegenwärtige Flüchtlingselend aus. Dagegen klingen die beiden Mitteparteien mit Schlagwörtern wie Freiheit, Gemeinsinn und Fortschritt oder Sicherheit, Familie und Infrastruktur tatsächlich zurückhaltender, um nicht zu sagen lau. Nur: Bedeutet lau zwingend schlecht? Ist, wer lauter schreit, besser?

Politik ist der zivilisierte Kampf um Weltanschauungen. Angesichts der gegenwärtigen Herausforderungen, die an den Landesgrenzen buchstäblich keinen Halt machen, stellt sich allerdings die Frage, wie hilfreich Weltanschauungen für die Lösung der komplexen Probleme sind. Weltanschauungen zeichnen sich gerade dadurch aus, dass sie die Welt aus einer ganz bestimmten Perspektive betrachten und entsprechend andere Perspektiven vernachlässigen. Sie gerinnen ausserdem leicht zu Ideologien, vor allem dann, wenn sie für den Wahlkampf zugespitzt werden. Und

Ideologien sind nach Hanna Arendt Positionen, denen es darum geht, «einen permanenten Sieg auf Kosten der Wirklichkeit selbst zu erringen». Sie ermöglichen es, grossspurige Lösungen vorzuschlagen, die gar nicht realisierbar sind.

Wahlen sind Kulminationspunkte der Demokratie. Die Wählerinnen und Wähler entscheiden darüber, wer sie in der kommenden Legislatur vertreten soll. Damit einher geht eine gewisse Delegation der Verantwortung an die Gewählten. Allerdings müssen gerade in der direkten Demokratie die Stimmbürgerinnen und Stimmbürger in komplexen Fragen letztlich selbst abstimmen, womit ein gewichtiger Teil der Verantwortung bei ihnen bleibt.

Hand aufs Herz: Wer ist angesichts der gegenwärtigen Flüchtlingskrise nicht manchmal froh, nicht selbst im Bundeshaus zu sitzen und das Problem lösen zu müssen? Mit dem Finger auf die Gewählten zu zeigen und ihnen Unfähigkeit vorzuweisen, ist unendlich viel einfacher. Genau diese Form der Delegation aber ist falsch verstandene Demokratie. Denn als Wählerinnen und als Stimmbürger müssen wir unseren Teil dazu beitragen, dass Lösungen möglich sind – so unpopulär sie sein mögen. Das bedeutet nicht zuletzt, die Komplexität einer Sachlage zuerst einmal als solche anzuerkennen und unter Berücksichtigung verschiedener Gesichtspunkte nach einer Lösung zu suchen. Wer beispielsweise dieser Tage mit dem Finger auf das Schengen-System oder Deutschland zeigt, dürfte ignorieren, dass es auch in unserem Land nicht einfach ist, Standorte für die geplanten Bundeszentren für Asylsuchende zu finden.

Vielleicht bedeutet Komplexität vor allem eines: sich bewusst zu sein, dass man nicht alles haben kann: Wohlstand und Abschottung, Selbstbestimmung und Zugeständnisse von anderen, einen überwundenen Kapitalismus und einen ausfinanzierten Sozialstaat. Man wird der Realität vermutlich gerechter, wenn man versucht, von vielem ein bisschen zu haben. Das aber verlangt eine Politik, die auf Widersprüche explizit hinweist, sich der Probleme in all ihrer Komplexität annimmt und beharrlich nach Lösungen sucht. Das mag zwar lau statt laut daherkommen, ist aber in jedem Fall zielführender.

Das «Volk» und die Zivilgesellschaft
AZ Nordwestschweiz, 10. März 2016

Eigentlich hätte die SVP vorletzten Sonntag hinstehen und sagen müssen: «Das Volk hat verloren.» Denn selbstredend meinten sie mit «dem Volk» stets ihre Wählerinnen und Anhänger, die sie für ihre Anliegen mobilisieren konnten. Dieses – ihr – «Volk» hat ihnen schliesslich immer recht gegeben: mit steigendem Wähleranteil und vielen erfolgreichen Initiativen. Nun scheint der Wind gedreht zu haben. Gewonnen hat nicht «das Volk» (gemeint ist: das SVP-Volk), sondern die «Zivilgesellschaft» – Stimmbürgerinnen und Stimmbürger in der Schweiz, verschiedener Herkunft und unterschiedlicher beruflicher Hintergründe, die sich in einer heiklen Sache einig waren und im entscheidenden Moment auch mobilisiert hatten: in der Ablehnung der «Durchsetzungsinitiative».

Wer aber ist die «Zivilgesellschaft»? Und wer ist das «Volk»? Als «Zivilgesellschaft» bezeichnen wir freiwillige Vereinigungen, Gruppen oder Netzwerke, die sich zusammenfinden und organisieren, um ihre Anliegen zu vertreten und ihre Bürgerrechte zu schützen. Der Begriff stammt aus den Ursprüngen des Republikanismus – frühen bürgerlichen Bewegungen gegen Monarchie und Aristokratie. Heute wird der Begriff vor allem für Gegenbewegungen zu autoritären Regimes gebraucht. Ganz anders das «Volk»: Es bezeichnet eine aus einer Vereinigung von Stämmen hervorgegangene ethnische Gemeinschaft, heute auch die Bevölkerung eines Landes – oder es meint schlicht eine Menschenmenge, eine breite Masse.

Weder Zivilgesellschaft noch Volk will so richtig zu einer (direkten) Demokratie passen, einem politischen System, in dem die Bürgerinnen und Bürger nicht nur wählen und stimmen, sondern sich jederzeit über Initiativen und Referenden in den politischen Prozess einbringen können. Die klassische Organisationsform in Demokratien sind denn auch Parteien: Gruppen gleich oder ähnlich gesinnter Bürgerinnen und Bürger, die sich zusammentun, um ihre Interessen zu vertreten und durchzusetzen. Sie nutzen dazu die etablierten und legitimen politischen Prozesse und Institutionen – im Wissen darum, dass andere Parteien genauso agieren und das politische System durch «checks and balances» die Macht einzelner Akteure beschränkt und den Kompromiss befördert. Traditionell vertraten Klassen- und Konfessionsparteien ihre angestammten Wählerschaften – etwa die Arbeiterschaft oder die Bevölkerung in den katholischen Stammlanden. Später folgten Interessenparteien – man erinnere sich an die Autopartei. Volksparteien, die gross sind, breite Wählerschichten ansprechen und eine starke Führungsstruktur aufweisen, wuchsen erst mit Verbreitung der Massenmedien.

Wenn sich nun am vergangenen Abstimmungswochenende die «Zivilgesellschaft» durchgesetzt hat, dann dürfte sie ihre Kraft in erster Linie daraus geschöpft haben, dass sie organisatorisch nichts zu verlieren hatte: keine Wählerinnen oder Wähler, keine Mitglieder des Bundesparlaments, keinen Bundesrat. Es ging um eine spezifische Frage – und eine klare Antwort darauf. Zweifel daran, dass diese Form der spontanen Selbstorganisation keine Garantie für die nächste Abstimmung ist, sind daher durchaus angebracht. Zivilgesellschaftliche Gruppierungen sind nämlich gerade nicht darauf angelegt, dauerhafte Institutionen zu werden. Sie müssten sich dazu stärker koordinieren und organisieren – womit sie sich konsequenterweise in Richtung Partei entwickeln würden, einen klassischen Akteur einer Demokratie.

Dennoch und umso mehr war diese zivilgesellschaftliche Bewegung wertvoll. Wir sollten ihre Dynamik als eine Aufforderung an alle etablierten Parteien und Akteure lesen, die besagt: Engagiert euch! Und zwar nicht erst dort, wo unsere Demokratie, unser Rechtsstaat in Gefahr ist. Demokratie und Rechtsstaat gehören zusammen; und sie sind ein nicht hoch genug zu schätzendes Gut. Sie ermöglichen uns, unsere Meinung einzubringen und unseren Willen kundzutun, ohne dafür bedroht oder verfolgt zu werden.

Beide – Volk und Zivilgesellschaft – lassen sich mobilisieren. Eine Demokratie braucht dafür Parteien in allen Lagern und im gesamten gesellschaftlichen Spektrum, die ebenso mutig wie seriös ihre Arbeit machen. Und am Ende ist es an uns Stimmbürgerinnen und Stimmbürgern, sich dieses Privilegs bewusst zu sein und es zu nutzen.

Demokratie auf dem Prüfstand
AZ Nordwestschweiz, 14. Juli 2016

Endlich Sommer! Diese schöne Jahreszeit manifestiert sich nun auch wettermässig (wenn auch mit Unterbrüchen). Nur: So richtig will sich die sommerliche Leichtigkeit bei mir nicht einstellen. Seit dem 13. November letzten Jahres hat sich ein guter Teil meines Optimismus verflüchtigt. Die demonstrative Brutalität des IS in Paris, der Krieg in Syrien, die Flüchtlingsdramen, das Ja zum Brexit, die steigende Zahl von Putin-Anhängern in Europa, der Wahlkampf in den USA – ich habe den Eindruck, wir stehen inmitten einer erdrückenden Komplexität von Herausforderungen, die entschiedenes und koordiniertes Handeln erfordern, wozu die Staaten derzeit jedoch kaum fähig sind.

Was heisst das? Müssen wir von friedlichen, stabilen, prosperierenden Jahrzehnten Abschied nehmen? Einer Zeit, die historisch ohnehin eine Ausnahmeerscheinung darstellt? Entpuppt sich die Demokratie als Schönwetterkonzept, der «starke Mann» als die Lösung? Selbst wenn ich all das verneinen würde, haben mir zwei kleine Schriften und ein Satz geholfen, meine Gedanken zu ordnen.

Der Soziologe Heinz Bude beschreibt in seinem Essay *Das Gefühl der Welt. Über die Macht der Stimmungen* (München 2016), wie uns Stimmungen als «Gesamtgefühl» beherrschen. Wir gleiten in sie hinein oder werden angesteckt von Menschen, Erlebnissen, Berichten. Stimmungen liegen in der Situation, ja in der Welt, und wir können uns ihnen nur schwer entziehen. Ob Börse oder Politik: Stimmungen verbreiten sich wie eine «Ansteckung ohne Berührung». Kollektive Stimmungen, so Bude, sind im Wesentlichen durch Enttäuschungen motiviert: die Enttäuschung der Fleissigen und Sparsamen etwa, nicht mehr belohnt zu werden für ihren Einsatz; oder die Enttäuschung der Motivierten und Engagierten, die Welt doch nicht verändern zu können. Sind es also die Enttäuschten, die den Populisten zulaufen? Was aber sind Populisten genau?

Hierüber gibt der zweite jüngst erschienene Essay *Was ist Populismus?* (Berlin 2016) des Politikwissenschaftlers Jan-Werner

Müller Aufschluss. Der Populismus zeichnet sich entgegen weitläufiger Meinung nicht einfach durch Kritik an den Eliten aus, sondern vielmehr durch den Anspruch, allein und ausschliesslich «das Volk», und zwar das «wahre» Volk, zu vertreten und als einziger «den Volkswillen» richtig zu erkennen und umzusetzen. Demokratische Institutionen braucht es nur beschränkt; Akklamation ist besser und überdies effizienter als Partizipation. Populisten sind erklärte Antipluralisten. Sie stehen damit im Widerspruch zur Demokratie, deren Sinn und Wesen es ist, verschiedene Meinungen und Interessen auf Basis demokratischer Verfahren und Institutionen in einen legitimierten Mehrheitsentscheid überzuführen.

Selbst wenn die Wahl- und Abstimmungserfolge populistischer Parteien über demokratisch legitime Verfahren zustande gekommen sind: Die Verantwortung gehörte dazu. Initianten der Masseneinwanderungsinitiative aber müssen in der konkordanten Schweiz deren Umsetzung nicht leisten. Und die Brexiteers haben sich aus dem Staub gemacht. Zur Enttäuschung der Fleissigen und Engagierten kommt nun also auch noch jene der Redlichen hinzu, die erwarten, dass die Wortführer in der Politik zumindest ihren Mann stehen (in Grossbritannien braucht es dafür nun eine Frau).

Kein Anlass für eine Stimmungsaufhellung also – wäre da nicht der kurze, aber einprägsame Satz von Mario Vargas Llosa, Nobelpreisträger für Literatur, aus einem kürzlich publizierten Interview in der NZZ vom 7. Juli 2016: «Liberalismus und Pessimismus sind inkompatibel.» Ich werde mich also nicht von Stimmungen hinreissen oder von erfolgreichen Populisten entmutigen lassen. Vielmehr gilt: Als Liberale vertraue ich auf die zwar anstrengende, aber auch fruchtbare Pluralität der Menschen, ihre Liebe zur Freiheit, ihre im innersten untrügliche Ablehnung von Unterdrückung und ihr Wohlgefallen an einem lebenswerten Leben. Damit werden wir auch diese Krisen meistern – und ich kann erleichtert in den Sommer.

Die Skepsis vor dem Zentrum

AZ Nordwestschweiz, 19. April 2012
Erschienen in Teil 4 der Serie «Ein starker Kanton durch zwei starke Zentren»

In der Schweiz muss man nicht weit suchen, um die Abneigung gegen alles Grosse und Zentrale – was die Forderung nach zwei starken Zentren im Aargau zweifellos ausmacht – zu finden. Zur sehr ist uns das politische System in Fleisch und Blut übergegangen. Die direkte Demokratie gibt uns die Möglichkeit, uns jederzeit, überall und zu allem einzubringen; der Föderalismus mit dem Prinzip der Subsidiarität erlaubt ein unabhängiges und ausgeglichenes Nebeneinander von Gliedstaaten und Kommunen, die ihre Autonomie hochhalten. Unabhängigkeit ist darin ein zentraler Wert. Niemand hat uns vorzuschreiben, was wir tun oder lassen sollen. Da wir uns zudem nie rühmen (oder aus unserer Perspektive vielmehr schimpfen) konnten, eine «Grande Nation» zu sein, finden wir unsere Erfüllung im «Kleinstaat», der beweglich und schlau den eigenen Vorteil sucht und die fehlende Grösse durch Wendigkeit kompensiert. Das Prinzip (hat) funktioniert: aussen wie innen, im Grossen wie im Kleinen. Man bevorzugt das Naheliegende, und vor allem: das Eigene. Im Kern steckt darin eine Präferenz: diejenige der Selbstbestimmung. Spiegelbildlich dazu ergibt sich die Abneigung gegenüber dem Unbekannten, Fernen. Zentrum, Zentralmacht: Beides riecht nach Übermacht und Fremdbestimmung.

    Die Abneigung gegen das Zentrum rührt auch von der historischen Stadt-Land-Beziehung her. Das Gefälle zwischen städtischer Oberschicht und ländlichen Untertanen hatte sich vom Mittelalter weg in die frühe Neuzeit gar vergrössert. Und selbst wenn 1848 sämtliche Untertanenverhältnisse abgeschafft wurden: Zentrum, «Agglos» und Land halten sich bis heute zumindest innerlich auf Distanz; die Kluft zwischen Stadt und Land ist weit tiefer als der Röstigraben. Dennoch: Der Trend ist eindeutig. 2011 lebten erstmals weltweit mehr Menschen in Städten als auf dem Land. Die Anziehungskraft urbaner Zentren ist ungebrochen, auch in der Schweiz. Städte sind nicht mehr wie einst dunkle, schmutzige Moloche und anonyme, seelenlose Schluchten. Im Gegenteil: Arbeit, Bildung, Kultur: Von allem haben die Städte mehr zu bieten.

Das Angebot und die Auswahl von Dienstleistungen haben auch die Selbstbestimmung verändert. Mit dem wachsenden Wohlstand steht nicht mehr das kollektive Überleben im Vordergrund, sondern die individuelle Entfaltung. Nicht mehr das Gemeinwesen bestimmt unseren Alltag, sondern unsere persönlichen Ansprüche. Dass diese – mitunter durch die öffentliche Hand – erfüllt werden müssen, gilt als Selbstverständlichkeit; weniger selbstverständlich scheint hingegen, dass sie auch bezahlt werden müssen. Und hier tut sich eine neuerliche Diskrepanz zwischen Zentrum und Peripherie auf. Die hochgehaltene Autonomie ist, gerade bei Gemeinden, oft nur noch ein Schein. Wer Zentrumsleistungen in Anspruch nehmen muss, ohne dafür angemessen zu bezahlen, ist ebenso wenig autonom wie eine Gemeinde, die sich nur durch Mittel aus dem Finanzausgleich über Wasser halten kann. Derweil die Individuen ihre Dienstleistungen im Zentrum abholen, in der Peripherie aber allenfalls noch ihr Heimatgefühl befriedigen, verkommt die kollektive Selbstbestimmung zum Mythos.

Was war im Kanton Glarus 2006 genau passiert? Die schlagartige Bereinigung von 25 auf 3 Gemeinden war ein wahrer Akt der kollektiven Selbstbestimmung. Die Bürgerinnen und Bürger des Kantons entschieden darüber, wie sie sich im Innern organisieren wollen; den Behörden des Kantons und vor allem auch der Gemeinden verblieb die Umsetzung. Es war ein «Sieg» der Demokratie über den Föderalismus, der Menschen über die Strukturen, des Allgemeinwillens über Partikularinteressen. Und ein Entscheid von buchstäblicher Grösse.

Zentren, die sich so nennen dürfen, kämen im Aargau ebenfalls nur über Strukturreformen zustande. Die bisherigen sind gescheitert. Und zwar, so die Analyse des Sozialforschungsinstituts gfs.bern, genau am Vorbehalt vor einer Zentrumsfunktion. Dieser Vorbehalt nämlich macht den Kern der schwankenden Mitte aus, die zwischen einem kleinen Lager strikter Gegner und einem grösseren Lager klarer Befürworter steht.

Man kann diesen Vorbehalt als Versuch lesen, den Kampf gegen die Globalisierung zumindest auf dem Schlachtfeld der Gemeindeautonomie zu gewinnen. Dies wäre aber der freiwillige Verzicht auf eine tatsächliche Selbstbestimmung, verbunden mit ein wenig Stolz darauf, dass man das in Anspruch nimmt, was man auch bezahlen kann. Und nicht zuletzt stünde es auch dem Aargau gut an, mit einer, zwei oder gar mehr wirklichen Städten Teil des Stadtlands Schweiz zu sein.

Eine kleine Geschichte zum 1. August
Gehalten am 1. August 2014 auf der Lenzburg

Es war einmal ein Kanton. Ein kleiner Kanton. Der Kanton Urgenoss. Der Kanton Urgenoss war so klein, dass die anderen Kantone ihn manchmal aus den Augen verloren, weil sie so viel mit sich selbst zu tun hatten, dass sie nicht immer verfolgen konnten, was dort alles passiert. Plötzlich aber hörte man Irritierendes aus diesem Kanton: Der Kanton Urgenoss wollte das Frauenstimmrecht wieder abschaffen. Er wollte einen Grundsatz seiner Politik, die Gleichstellung, die von den Bürgerinnen und Bürgern mehrmals gutgeheissen wurde, wieder rückgängig machen. Zur Überraschung vieler war es in diesem Kanton Urgenoss irgendwann gelungen, eine knappe Mehrheit der Stimmbevölkerung davon zu überzeugen, dass das Frauenstimmrecht überflüssig sei: zu modern, zu fremd, zu ausländisch – und auch zu bürokratisch. Wozu denn doppelt so viele Stimmzettel, wo doch sowieso der Mann das Sagen hat? Die anderen Eidgenossen – und auch eine sehr grosse Minderheit der Urgenossinnen und Urgenossen – rieben sich erstaunt die Augen ob dieser Entwicklung im Kanton Urgenoss. Was war passiert?

Man war im Kanton Urgenoss allgemein der Ansicht, dass dieses Frauenstimmrecht eine fremde Sache sei. Dass es die Österreicher, Deutschen, ja sogar die Polen und Russen gleich nach dem Ersten Weltkrieg eingeführt hatten, war deren Sache. Immerhin liessen sich die Engländer und die Franzosen, und auch die Italiener, etwas länger Zeit. Auch dass heute fast alle Länder auf der Welt ein Frauenstimmrecht haben, vermochte sie nicht zu überzeugen. Das Frauenstimmrecht war und blieb für sie eine fremde, ausländische und irgendwie auch europäische Sache. Gott sei Dank aber – und das machte die Urgenossinnen und Urgenossen richtig stolz – wehrten sich die Schweizer am längsten dagegen. Vor allem die Appenzeller, die sich an ihrer Landsgemeinde bis 1990 regelmässig und hartnäckig dagegen ausgesprochen hatten. Umso mehr empörten sich die Urgenossinnen und Urgenossen darüber, dass es die fremden Richter in Bern waren, die dem Kanton das Frauenstimmrecht aufzwangen! Weil angeblich die Frauen in der

Verfassung mitgemeint seien. Welch eine Anmassung! Und erst noch von Richtern, wo doch nur das Volk recht hat.

Mit dieser Überzeugung machte sich im Kanton Urgenoss eine Partei ans Werk. Sie hatte sich zum Ziel gesetzt, dieses fremdländische, unnötige, ja un-urgenössische Zeugs rückgängig zu machen. Während mehr als zehn Jahren thematisierte diese Partei nichts anderes als die überflüssige Rolle der Frauen in der Politik. Natürlich zielte sie dabei nicht gleich auf das Frauenstimmrecht. Aber sie machte bei jeder Gelegenheit deutlich, dass die Frauen in der Politik nichts zu suchen hätten. Zielstrebig ging die Partei ans Werk. Natürlich wollte sie nichts riskieren und ging deshalb Schritt für Schritt vor.

Zunächst machte der Parteistratege klar, dass nicht etwa der Kantonsrat des Kantons Urgenoss zu bearbeiten sei. Parlamentarier seien Nichtsnutze und würden ihre Zeit sowieso unnötig verplempern. Die Partei richtete sich viel lieber direkt ans Volk. Und zwar nicht nur an die Männer, sondern auch an die Frauen. Noch brauchten sie ja beide. Zuerst wurden die Frauen der Parteimänner dazu angehalten, zu privaten Frauentreffen einzuladen und über die Rolle der Frau in der Gesellschaft zu diskutieren. In den gehobenen Haushalten luden die Frauen zu Teekränzchen. Die Hausfrauen, die selbst einkauften, trafen sich am Wochenmarkt. Und bald waren sich viele einig: Frauen sollten das Heim pflegen. Sie sollten ihren Männern, die dort draussen, in der bösen, globalisierten Welt arbeiten müssen, Geborgenheit und Heimat bieten. Dann aber hatten die Frauen eine noch bessere Idee. Auf dem Land luden sie zu grossen Sonntagsbraten ein. Die Parteileitung war begeistert. Ein idealer Rahmen, um ihre Botschaft zu übermitteln: Die Frauen kochen, die Töchter servieren, und die Männer und Söhne sitzen am Tisch und politisieren. Darüber, dass die Welt genau so in Ordnung sei. *Das* war schön! Wie gut waren doch die alten Zeiten – und wie schön könnten sie auch heute sein, wenn es dieses Frauenstimmrecht nicht mehr gäbe!

Aber die Partei verliess sich nicht allein auf ihre Frauen und deren Teekränzchen und Sonntagsbraten. Es mussten alle Stimmberechtigten gewonnen werden. Auch die Stimmberechtig*tinnen* – das Wort war der Partei zwar immer suspekt, aber sie lernten es. Deshalb veranstaltete die Partei einen grossen Anlass auf dem Urgüetli, zu dem sie ihre Mitglieder und Freunde, ja sogar die Regierungsräte des Kantons Urgenoss einlud. Jedes Jahr wurde an diesem Anlass der Urgüetli-Geist beschworen und der Abgesang auf die unnötig politisierenden Frauen angestimmt.

Da es aber irgendwann konkret werden musste, lancierte die Partei eine Reihe von Volksinitiativen. Man fing subtil an. Und natürlich immer im Namen der Demokratie und der Freiheit. So wurde zuerst eine Initiative für «demokratische Einstellungen» lanciert. Gemeint war damit freilich nicht die innere Überzeugung von der direkten Demokratie – die setzt man voraus. Nein, es ging um die Frage, wer in einer Firma im Kanton Urgenoss entscheiden soll, ob jemand angestellt wird oder nicht. Die Initiative verlangte, dass die Angestellten und nicht die «classe économique», wie sie die Firmenchefs dort oben nannte, entscheiden sollten. Also sozusagen das Volk in der Firma. Im Vorfeld der Abstimmung beschwor die Partei die schweizerischen Werte Pflichtbewusstsein und Fleiss – und betonte natürlich, dass die Frauen diese Werte zwar auch hätten, sie aber damit nicht in die Arbeitswelt, sondern an den Herd gehörten. Eigentlich sollten sich Frauen auf ausgeschriebene Stellen gar nicht erst bewerben. In jedem Fall aber sollten am Schluss die einfachen – natürlich mehrheitlich männlichen – Angestellten entscheiden, wer eine Stelle erhält. Die Initiative aber wurde abgelehnt.

Es musste also eine nächste Initiative her. Es wurde die «Babybett-Initiative» lanciert. Sie forderte, dass Babybetten in Kinderzimmern bis zum dritten Lebensjahr des Kindes verboten sind. Erlaubt waren nur traditionelle Kinderwiegen, aber natürlich nur solche ohne Schleier. Babybetten seien nämlich ein klares Zeichen dafür, dass sich die Frau keine Zeit nehme, ihr neugeborenes Kind eigenhändig zu wiegen. Und das schliesslich sei der Untergang der Urgenossenschaft. Stattdessen gelte es die Freiheit der Frau zu verteidigen: ihre Freiheit, beim Kind zu bleiben und nicht zu arbeiten. Die Initiative wurde zur Überraschung aller angenommen! Die Babybett-Produzenten wehrten sich zwar dagegen, und auch aus dem Ausland wurden kritische Stimmen laut – denn es war bekannt, dass die Schweizer ihre Kultur stark schützen. Der

Import von Babybetten brach natürlich dramatisch ein. Und auch wettbewerbsrechtlich ist die Sache noch nicht ausgestanden ... Das aber beeindruckte die Partei nicht. Sie kam damit erst so richtig in Schuss. Sie lancierte gleich die nächste Initiative im Kanton Urgenoss. Diese forderte die «Ausschaffung krimineller Frauen». Frauen seien das Herz der Familie, sie seien friedliebend und zurückhaltend, argumentierte die Partei. Da die Männer aber für sie sorgen müssten, hätten sie gefälligst dankbar zu sein. Wenn sie aber in der Gesellschaft auffielen und gar straffällig würden, gehörten sie ausgeschafft. Die anderen würden sie schon aufnehmen. Die Urgenossinnen und Urgenossen nahmen auch diese Initiative an.

Es schien, dass die Partei auf Erfolgskurs war. Man musste also langsam daran denken, die Sache grundsätzlich anzugehen, nicht nur mit Einzelaspekten wie Babybetten und so. Die nächste Initiative verlangte deshalb: «Volksrechte vors Volk»! Denn nur so könne man entscheiden, ob die Frauen im Volk – und also in der Verfassung – mitgemeint seien oder nicht. Denn es sei nicht etwa klar und einfach hinzunehmen, dass die Frauen mitgemeint sind. Schliesslich käme diese Auffassung von fremden Richtern und nicht vom eigenen Volk. Aber das ging den Urgenossinnen und Urgenossen dann doch zu weit. Sie lehnten die Initiative ab.

Also musste die Partei die Urgenossinnen und Urgenossen wieder etwas freundlich stimmen. Dazu wurde die «Familieninitiative» lanciert. Sie verlangte, dass alle Männer, die ihre Frau zu Hause an den Herd binden, sämtliche Kosten für den Familienunterhalt von den Steuern abziehen können. Der Initiativtext präzisierte allerdings nicht, wie genau dieses «Binden an den Herd» geschehen soll oder darf. Die Initiative aber wurde abgelehnt. Das Argument der Gegner, dass im Kanton Urgenoss das Binden, ja gar Fesseln der Frauen an den Herd zur Normalität werden könnte, überzeugte offenbar. Die Gegner argumentierten ausserdem, dass man bei Annahme der Initiative konsequenterweise ein Gesetz über die Ausschaffung krimineller Männer verabschieden müsste. Und das wiederum kam den Männern im Kanton Urgenoss dann doch nicht gelegen. Die Partei hielt sich also still.

Irgendwann aber entschloss sich die Partei, endlich ernst

zu machen. Sie wagte es jedoch immer noch nicht, das Frauenstimmrecht im Kanton Urgenoss frontal anzugreifen, und griff deshalb zu einem harmlos wirkenden Trick: Sie forderte die Beschränkung des Frauenstimmrechts auf das Kirchenwesen, die Schulpflege und das Sozialwesen. Die Partei begründete den Inhalt der Initiative damit, dass bereits Ende des 19. Jahrhunderts versierte Juristen – dafür waren die Juristen dann wieder gut genug – den Frauen geraten hätten, sich auf diese Bereiche zu beschränken, da sie nur so eine Chance auf politische Mitbestimmung hätten. Man hatte also ein historisches Argument. Für die Lancierung der Initiative wurde aber aufs Ganze gesetzt. Die Initiative erhielt den Titel: «Gegen die Masseneroberung von politischen Ämtern durch Frauen!» Im Vorfeld der Initiative wurde natürlich massive Propaganda betrieben. Die Partei konnte belegen, dass Frauen immer mehr politische Ämter innehaben – auch wenn man noch nicht von einer «Masseneroberung» sprechen konnte ... Sie vermieden es aber tunlichst, darauf hinzuweisen, dass die Frauen in diese Ämter gewählt wurden – und zwar von Urgenossen und Urgenossinnen! Weil dieses Argument also nicht ausreichte, mussten weitere her. So behaupteten sie, dass die Frauen inzwischen mehr verdienen als die Männer. Und zwar nicht nur ein bisschen, sondern deutlich mehr – und vor allem systematisch! Das glaubte zwar keiner so richtig, aber die Männer im Kanton Urgenoss ereiferten sich prächtig darob. An Stammtischen und beim Sonntagsbraten zogen sie über die Lohndiskriminierung der Männer her. Überall sprach man plötzlich von «Lohnstress». Auch die Medien zogen mit und berichteten in einem fort über Männer im «Lohnstress», die sagten, dass sie weniger verdienten als ihre Berufskolleginnen – oder zumindest das Gefühl hatten, dass sie weniger verdienten. Der ganze Kanton Urgenoss befand sich plötzlich im «Lohnstress»: Männer, aber auch Frauen – ja, sogar solche, die gar nicht arbeiteten! Die Regierung des Kantons Urgenoss übrigens hielt sich in diesem Abstimmungskampf vornehm zurück. Schliesslich wurde sie von der Partei immer wieder der «Behördenpropaganda» bezichtigt ...

Die Rechnung der Partei ging auf: Die Initiative wurde angenommen, wenn auch äusserst knapp. Das Stimmrecht der

Frauen beschränkte sich fortan auf das Kirchenwesen, die Schulpflege und die Sozialhilfe; von politischen Fragen aber waren die Frauen ausgeschlossen. Die Partei jubelte. Ab jetzt könnten endlich die Männer wieder allein – autonom und souverän – über das Frauenstimmrecht abstimmen! Es war den Urgenossen aber klar, dass sie in Bern vorstellig werden müssten. Schliesslich war das Frauenstimmrecht in der Schweizer Verfassung verankert – und waren die Frauen mitgemeint ... Aber die in Bern würden es, sagte die Partei immer, mit der Verfassung ja nicht so ernst nehmen. Schliesslich sei Bern auf ihren Kanton ja angewiesen – viel stärker als umgekehrt! Die Regierung des Kantons Urgenoss musste also wohl oder übel in Bern anfragen, ob es bereit sei, über eine Einschränkung des Frauenstimmrechts zu verhandeln.

Die Antwort kam postwendend: Das Frauenstimmrecht sei nicht verhandelbar. Der Kanton Urgenoss müsse entscheiden, ob er die Verfassung anerkennen und in der Eidgenossenschaft verbleiben wolle oder nicht. Ausserdem müsse die Verfassung als Ganzes anerkannt werden. Einzelne Artikel daraus zu entfernen, sei nicht möglich. Die Antwort aus Bern überraschte nicht alle. Aber alle wussten nun, dass sie bald wieder abstimmen würden – die Frauen vielleicht über die Frage, ob sie ihre Töchter weiterhin in die Schule schicken wollen oder nicht –, wobei solche Initiativen freilich nur von den Männern eingereicht werden konnten. Mit Sicherheit aber würden die Männer darüber abstimmen müssen, ob sie das Frauenstimmrecht nun tatsächlich abschaffen wollen oder nicht und ob sie weiterhin zur Eidgenossenschaft gehören wollen oder nicht.

Liebe Eidgenossinnen und Eidgenossen: Das war die Geschichte vom Kanton Urgenoss. Eine Geschichte mit offenem Ende. Die Geschichte von einem Kanton, der einen Grundsatz abschaffen will, dem die Bürgerinnen und Bürger schon mehrmals zugestimmt hatten. Und der drauf und dran ist, einen erheblichen Teil seiner Bevölkerung für unerwünscht zu erklären. Die Geschichte ist freilich nicht zufällig. Sie unterscheidet sich von unserer Realität aber in einem wichtigen Punkt: Männer und Frauen lassen sich klar unterscheiden – Schweizer und Ausländer oder Schweizer und Zugewanderte ebenfalls. Aber es stellt sich die

Frage, wann eine solche Unterscheidung wichtig ist und wozu man sie benutzt. Ganz schwierig – ja gefährlich – wird es, wenn man zwischen Schweizern und Schweizern unterscheidet. Zwischen guten und schlechten, richtigen und falschen. Das, liebe Schweizerinnen und Schweizer, sollten wir nicht zulassen. Auch nicht, dass eine politische Kultur überhandnimmt, die unsere Grundfesten aushöhlt: Meinungsfreiheit, Respekt und Rechtsstaatlichkeit. Und schon gar nicht, dass ein politisches Programm uns unseres Erfolgsgeheimnisses beraubt, ohne das wir keine Zukunft haben: eine offene Schweiz, die mit anderen Ländern und Menschen in Europa und auf der Welt verbunden ist und in Verbindung tritt.

Ich wünsche mir eine Schweiz, die eine Eidgenossenschaft bleibt. Und eine Urgenossenschaft, die sich in knapp drei Jahren für ihre Zukunft und nicht für ihre Vergangenheit entscheidet.

II.
... und die anderen

Souveränität und aussenpolitische Machbarkeit
Neue Zürcher Zeitung, 20. Januar 2012

Souverän ist, «wer ausser Gott keinen Höheren über sich anerkennt». Dies ist die Definition des französischen Staatstheoretikers Jean Bodin, die er 1576 in seinen *Les six livres de la République* geprägt hat. Adressat war freilich der französische König, ein absolutistischer Herrscher, dem es mit diesem Staatsverständnis gelingen sollte, die damaligen Religionskriege in den Griff zu bekommen. Die praktische Dimension dieser Souveränität lag auf der Hand: Souverän wäre demnach, wer nach innen das Gewaltmonopol durchsetzen kann und nach aussen keine der mittelalterlichen Universalmächte, also weder den Kaiser noch den Papst, als übergeordnete Macht anerkennt. So «absolut» diese Souveränität daherkam, sie war selbst in den Augen Bodins nur eine relative. Über ihr standen Gott, das Naturrecht und schliesslich «diejenigen verschiedenen von den Menschen gemachten Gesetze, die allen Völkern gemeinsam sind», das Völkerrecht also. Im Westfälischen Frieden von 1648 setzte sich dieses Prinzip der Souveränität als Staatspraxis durch. Die europäischen Mächte verstanden sich nun nicht mehr als Hierarchie unterschiedlicher Herrschaftsträger unter Papst und Kaiser, sondern als Gruppe prinzipiell gleichberechtigter, unabhängiger, souveräner Staaten.

Wenn es keine absolute Souveränität gab, nicht einmal für den absolutistischen König – wie muss es erst den Eidgenossen ergangen sein? Die Franzosen versuchten, den Eidgenossen – und damit vor allem dem Kaiser – bei den Verhandlungen von 1648 eine schweizerische Souveränität aufzudrücken. Dieser aber liess sich nicht beirren, sondern bestätigte lediglich die bisherige Sonderstellung der Eidgenossen formell. Als «gefreite Stände» genossen diese nebst der eigenen Gerichtsbarkeit die Befreiung von Steuern und der Heerfolge. Was eine solche Souveränität für die Eidgenossen also heissen musste, fasste der Historiker Jakob Tanner einmal in einer prägnanten Formel zusammen, nämlich: «Freiheit, Schutz und Privilegien». Die hier anklingende Relativität der Souveränität ist weniger theoretisch und nüchtern als in Bodins Definition. Sie gleicht vielmehr derjenigen eines Schlaumeiers, der nach einem guten Geschäft im Stillen seine Münzen zählt und ganz verzückt feststellt, dass er «'s Füfi, 's Weggli und 's Usegäld» in den Händen hält – und dabei ganz vergessen mag, dass dieser gute «Deal» nicht nur das Einverständnis des Vertragspartners bedingt, sondern schlicht von diesem abhängt. Denn dieser Sonderstatus war keine neuzeitlich-gleichberechtigte Stellung, sondern ein vom Kaiser gewährtes Privileg.

Nun grenzt es an eine Banalität, daran zu erinnern, dass sich die Souveränität seither in noch viel bedeutenderem Mass relativiert hat, und zwar für alle Nationen. Infolge der zahlreichen internationalen Organisationen und Institutionen, die im 20. Jahrhundert vor allem zur Friedenssicherung, aber auch zur Liberalisierung des Welthandels etabliert wurden, hat sich das Verständnis staatlicher Unabhängigkeit gewandelt. Souverän ist nicht mehr, wer einzig die nationale Autonomie hochhält. Zu vielfältig sind die gegenseitigen Abhängigkeiten in zahlreichen Politikbereichen. Souveränität muss deshalb mindestens ebenso verstanden werden als die Möglichkeit und Fähigkeit, seine Interessen auch auf internationaler Ebene einzubringen und in Verhandlung mit anderen Partnern auch durchzusetzen. Unter Bedingungen einer postnationalen Konstellation, in der zwar immer noch die Nationalstaaten der primäre Ort demokratisch legitimierter Entscheide sind, die aber ihrerseits auf inter- und transnationale Akzeptanz angewiesen sind, kann Souveränität heute nicht mehr einfach nationale Selbstbestimmung bedeuten. Souverän sein heisst auch, auf internationaler Ebene mitbestimmen zu können.

Ein radikaler Schritt in dieses neue Souveränitätsverständnis wäre die Zustimmung zu einem Souveränitätstransfer: der Überantwortung gewisser politischer Entscheide an eine nächsthöhere Ebene, auf der man mitentscheiden kann. Die Schweiz tut sich aufgrund ihrer Geschichte und ihres Selbstverständnisses besonders schwer damit. Dennoch dürfte es angesichts der verschiedenen aussenpolitischen Reibereien der letzten Jahre klar geworden sein, dass das alte Souveränitätsverständnis als Kombination von «Freiheit, Schutz und Privilegien» allmählich an seine Grenzen stösst. Gerade weil die heutige Souveränität kein kaiserlicher Gnadenakt mehr ist, hängt sie umso mehr, wie der

Bundesrat in seinen aussenpolitischen Berichten mehrfach festgehalten hat, von der sogenannten aussenpolitischen Machbarkeit, sprich dem Einverständnis der Vertragspartner, ab.

Diese stark relativierte Souveränität verlangt letztlich, dass ein immer grösserer Anteil innenpolitischer Entscheide auch aussenpolitisch abgestützt oder zumindest akzeptiert sein muss – und umgekehrt. Unter Verweis auf einen historisch aufgeladenen Souveränitätsbegriff wird genau diese Realität in der Schweiz zuweilen negiert, besonders in ihrem Verhältnis zur Europäischen Union, zumal seit dem EWR-Nein diesbezüglich ein Denkverbot herrscht. Dass es kürzlich gar die beiden Wirtschaftsverbände Swissmem und Scienceindustries wagten, den EWR öffentlich als Option zu bezeichnen, ist ein Meilenstein in der Debatte. Eine Mitgliedschaft im EWR ermöglicht nicht die Mitbestimmung eines Vollmitglieds der EU, wohl aber die Mitsprache bei der Ausarbeitung von Rechtsvorschriften und gewährt überdies die aussenhandels-, fiskal- und währungspolitische Souveränität. Wenn wir überdies die europäische Integration als das anerkennen, was sie ist – Friedenssicherung via Marktverflechtung im Ursprung, Festigung der politischen Institutionen angesichts der gegenwärtigen Krise und Gewährleistung einer kontinentalen Stimme in einer multipolaren Welt –, ist eine weitere wichtige Voraussetzung für eine nüchterne Debatte über unsere tatsächliche Souveränität gegeben.

Sündenfall Selbstbedienungsladen
AZ Nordwestschweiz, 11. Mai 2012

Die Frage ist (fast) so alt wie die Staaten selbst: Warum schaffen es die einen zu Wachstum und Wohlstand, während andere über Generationen in Armut verharren? In den Wahlen des vergangenen Wochenendes in Frankreich und Griechenland ging es auch darum: Wie kommt man aus der Krise zurück auf den Wachstumspfad? Das Stimmvolk hat sich entschieden – gegen das Sparen, gegen längere Arbeitszeiten und wahlweise auch für nationale Abschottung. So in einer zentralistischen Republik, in der, wie uns ein französischer Freund erklärte, jeder Präsident ein König wird, egal aus welchem Lager er stammt, und in einem Land, das, gemessen am europäischen Standard, keine funktionierende Verwaltung kennt.

Kein gutes Omen für die kommenden Jahre, denn der Wohlstand eines Landes hängt genau von solchen Faktoren ab. Das zeigen Daron Acemoglu, Ökonom am MIT, und James A. Robinson, Politologe in Harvard, in ihrem neuen Buch *Why Nations fail. The Origins of Power, Prosperity, and Poverty* (New York 2012). Es ist hinlänglich bekannt, dass nicht Rohstoffe oder Investitionskapital an sich ein Land vorwärtsbringen. Nein, die entscheidenden Standortfaktoren sind politische Stabilität, Rechtssicherheit, Bildungs- und Verkehrsinfrastruktur sowie ein angemessenes Steuerklima. Dennoch ergänzt die Antwort dieser beiden Autoren, dargelegt an mannigfachen Beispielen von der Industrialisierung in England bis zur Situation im heutigen Afrika, das bereits bekannte Muster in einem entscheidenden Punkt: Es bedarf nicht einfach irgendwelcher stabiler politischer Institutionen, sondern einer spezifischen Mischung zentraler Durchsetzung und integrativer Machtteilung. Diese garantieren nicht nur einen verlässlichen Rechtsrahmen, sondern wirken darüber hinaus inkludierend, indem sie die Macht im Land so (ver)teilen, dass sich eine plurale Gesellschaft darin einbringen und wiedererkennen kann. Dazu gehört ebenso die Durchsetzung einer Marktwirtschaft, die allen Zugang bietet und Aufstieg ermöglicht.

Nicht zufällig etwa ging die industrielle Revolution von England aus, einem Land, das bereits 150 Jahre davor in der «Glorious Revolution» die Macht vom König an das Parlament übertrug und in der Folge eine Gesetzgebung schuf, die private Investitionen und Innovationen begünstigte. Dies wiederum legte den Grundstein für den blühenden Handel mit den Kolonien. Ganz anders war die Situation in Spanien und Portugal, deren Feudalmächte sich der Ressourcen aus den Kolonien bedienten und privates Unternehmertum weitgehend davon ausschlossen. Die Autoren legen also auch das Gegenteil wohlstandsfördernder Rahmenbedingungen dar. Sie sprechen sehr bildhaft von «extrahierenden» Institutionen: von Machteliten, die ihr Land als Selbstbedienungsladen verstehen. Autoritäre und korrupte Regimes bereichern sich, und sie ersticken damit jegliches unternehmerische und innovative Handeln im Keim. Wozu sich anstrengen, wenn andere abräumen?

Es braucht wenig Phantasie, das – nun auch historisch belegte – Ideal auf die Schweiz anzuwenden. Der schweizerische Bundesstaat bietet Rechtssicherheit auf allen Ebenen, die Machtteilung ist horizontal wie vertikal perfektioniert, und es darf sich niemand beklagen, aus dem politischen Willensbildungs- und Entscheidungsprozess ausgeschlossen zu sein. Dieses System ist uns als politische Kultur so sehr in Fleisch und Blut übergegangen, dass wir sogar erfolgreichen Parteien, wenn sie denn mit überhöhtem Machtanspruch antreten, eine Abfuhr erteilen. Und es stimmt auch hoffnungsvoll, dass Phantasieprojekte wie das bedingungslose Grundeinkommen, in denen die gesamte Bevölkerung ein Land als Selbstbedienungsladen verstehen darf, keinen grossen Anklang finden.

Dennoch sollten wir uns davor hüten, überheblich nach Europa zu blicken. Denn was in Frankreich und Griechenland passiert ist, unterstreicht die Notwendigkeit, einen ganzen Kontinent geeint zur Prosperität zu führen. Und dazu gehören, wie Acemoglu und Robinson zeigen, gleichermassen zentrale wie integrative Institutionen. Spezifische nationale Wachstumspolitiken und Institutionen müssen gekoppelt sein an eine unmissverständliche Haushaltsdisziplin mit sozialpolitischen Standards aus Brüssel. Selbst wenn der neue Konsens in Richtung «Marshallplan» weist: Gratis ist auch der nicht zu haben.

Die Schweiz profitiert von der EU
AZ Nordwestschweiz, 15. März 2013

Nachdem sich die Wogen um die Abzockerinitiative allmählich glätten, darf sich der politische Sperberblick von den Abgründen der dicken Portemonnaies wieder lösen. Schweift er – inhaltlich wie geografisch – etwas weiter aus, fällt er unweigerlich auf jene bevorstehenden Abstimmungen, die über unsere Landesgrenzen hinausweisen. Im nächsten, spätestens übernächsten Jahr stehen gleich vier Abstimmungen an, die in direktem oder indirektem Zusammenhang mit der schweizerischen Europapolitik stehen: jene über die Ausdehnung der Personenfreizügigkeit auf Kroatien, die Masseneinwanderungsinitiative der SVP, die Ecopop-Initiative und den neuen Kohäsionsbeitrag an die EU. Dass die Angriffe auf die Personenfreizügigkeit das gesamte Vertragswerk der Bilateralen I zerstören können, dürfte inzwischen allen klar sein. Der Marktzutritt müsste neu verhandelt werden. Unter welchen Bedingungen dies geschehen müsste, will man sich lieber nicht ausmalen.

Interessant aber ist in diesem Zusammenhang neben den ernst zu nehmenden Fakten auch die Strategie, die man sich dazu ausgedacht zu haben scheint. Zum einen hört man in den letzten Wochen und Monaten, wenn auch nicht in der breiten Öffentlichkeit, immer wieder, dass die EU ja eigentlich gar kein Thema sei, denn für die Schweiz von Bedeutung sei einzig Baden-Württemberg, und da sei das Verhältnis ja in bester Ordnung. Diese abenteuerliche Argumentation wird nicht nur angesichts der Auseinandersetzungen um den Zürcher Flughafen Lügen gestraft. Sie will schlicht ausblenden, dass zwischen der Schweiz und Baden-Württemberg nicht nur der Rhein fliesst, sondern auch die Aussengrenze der EU verläuft. Und das ist naiv – oder vielmehr verantwortungslos.

Ernster zu nehmen ist das Ansinnen von Bern und Brüssel, die «institutionelle Frage» vorerst auf Eis zu legen, bis die genannten Abstimmungen überstanden sind. Das mag aus taktischen Gründen einleuchten. Ob es auch mittelfristig überzeugt, ist zu bezweifeln. Denn damit versucht man nicht nur, den Stimmbürger für etwas gar dumm zu verkaufen, sondern ist auch für andere EU-Themen, die nicht negiert werden können, schlecht gerüstet. Schliesslich ist das Stromabkommen weiterhin blockiert und der Marktzugang für Dienstleistungen noch nicht einmal andiskutiert. Überdies zeichnen sich am Horizont bereits deutliche Vorboten einer schweren innenpolitischen Auseinandersetzung über die Besteuerung von Holdinggesellschaften ab. Beim diesbezüglichen Druck der EU geht es aber nicht nur um ein spezielles Steuerkonstrukt, wogegen man souveränitätspolitische Argumente ins Feld führen kann. Es geht um viel mehr, nämlich den interkantonalen Steuerwettbewerb an sich und den darauf beruhenden innerschweizerischen Finanzausgleich. Die Schweiz müsste also von sich aus ein Interesse an Verhandlungen um die «institutionelle Lösung» haben, damit sie diese Themen einbringen kann.

Um das Verhältnis der Schweiz zur EU wieder in ruhigere Bahnen zu lenken, bedarf es der glaubhaften Vermittlung, dass die Schweiz von der EU profitiert. Ohne eine stabile EU ist unsere Prosperität nicht zu haben. Und ohne ein Geben und Nehmen ist auch kein stabiles Verhältnis zur EU möglich. Wer hat den Mut, sich hinzustellen und der Bevölkerung reinen Wein einzuschenken? Wer ist bereit, über den eigenen Schatten zu springen und – im Interesse des ganzen Landes – einen Kompromiss zu schmieden, der die Freiheiten der Wirtschaft, die Sorgen der Bevölkerung und den Ernst der Politik gleichermassen berücksichtigt? In jedem Fall wird die Allianz zwischen Wirtschaft und Politik stärker sein müssen, als sie es in den letzten Wochen war.

Recht vor Macht für die Kleinen
AZ Nordwestschweiz, 22. November 2013

Ungerechte Kriterien der OECD betreffend Steuerkonformität, institutioneller Druck aus der EU, rhetorische Unverschämtheiten von grossen Nachbarn: Es gehört fast schon zur helvetischen Dauerverfassung, von aussen unter Beschuss zu sein. Die Empörung darüber ist gerechtfertigt, kann es doch grob gesehen nur zwei Gründe geben, weshalb die Schweiz in solcher Bedrängnis ist. Zum einen dürfte man weltweit neidisch sein auf unsere Leistungsausweise in Wirtschaft und Politik, zum anderen ist die Schweiz ein Kleinstaat, mit dem man angeblich nach Belieben umspringen kann. Dass die Schweiz selbst jahrzehntelang eine gezielte Nischenpolitik oder, je nach Standpunkt, Schlaumeiereien betrieben hat, wird dabei gerne verschwiegen.

Warum aber mischt sich in dieses Selbstbewusstsein dennoch ein Unmut? Warum schlägt die Selbstgerechtigkeit um in Frustration darüber, nicht für voll genommen zu werden? Die weiteren Strophen dieses Klagelieds sind bekannt: Das Land ist strategieunfähig, die Regierung nicht krisenerprobt, und überhaupt gilt Macht vor Recht, worunter die kleinen Staaten naturgemäss besonders leiden. Dabei pocht die Schweiz – etwa für die Banken im internationalen Finanzmarkt – auf nichts anderes als gleich lange Spiesse.

Diese Ambivalenz der helvetischen Befindlichkeit hat mich immer irritiert. Und neulich scheint mir, hätte ich eine mögliche Antwort darauf gefunden. Denn zur schweizerischen Eigenart gehört neben dem Hochhalten des Souveräns gleichsam spiegelbildlich die Abneigung gegen das Recht, vor allem gegen die Richter, nicht nur gegen die fremden. Die Aussicht, dass ein Streit beigelegt wird aufgrund klarer Normen und nicht durch einen Kompromiss, ist vielen suspekt, in politischen Belangen gar zuwider.

Dabei wäre das Recht oft der einzige Schutz vor Angriffen von aussen, zumal für einen kleineren Staat. Das Völkerrecht nämlich kennt nur Staaten, keine Klein- und keine Grossstaaten. Dennoch können kleinere Staaten, wie die Völkerrechtlerin Kerstin

Odendahl kürzlich im Rahmen einer Diskussion über das «Unbehagen im Kleinstaat» ausführte, auch im Völkerrecht das Nachsehen haben: in Bereichen, in denen grosse Staaten Vorrechte haben, wie etwa im Uno-Sicherheitsrat; in Bereichen, in denen es an Durchsetzung mangelt, etwa dem Internationalen Gerichtshof in Den Haag, der nicht von allen Staaten anerkannt wird; und in Bereichen, in denen sich wiederum vor allem grosse Staaten den Regeln nicht unterworfen haben, wie im Klimaschutz oder bei den Menschenrechten. Besonders riskant aber ist es für Kleinstaaten in Bereichen, in denen es gar keine völkerrechtlichen Regeln gibt. Und zu diesen wenigen «weissen Flecken» gehören neben dem Internetrecht – das abgehörte Handy der deutschen Bundeskanzlerin lässt grüssen – ausgerechnet das Finanzmarktrecht und das Bankenwesen. Das erstaunt, denn es gibt sowohl ein Welthandelsrecht wie ein internationales Währungsrecht. Es gibt aber keine Regeln für die Sicherheiten von Krediten, die Höhe der Eigenmittel oder die Art der Produkte. Ausgerechnet kleine Staaten, darunter auch Kleinst- und Mikrostaaten, die sich in diesem Bereich profiliert haben und davon teilweise existenziell abhängig sind, sind völkerrechtlich nicht geschützt. So überrascht es Odendahl nicht, dass es wegen fauler Kredite eine globale Finanzkrise geben konnte, und es überrascht sie noch weniger, dass grosse Staaten kleine zwingen, Daten herauszugeben, sich selbst aber bedeckt halten.

Am Ende bedeutet diese Lücke nichts anderes, als dass Macht vor Recht gilt. Vielleicht liegt darin ein Teil des helvetischen Unbehagens begründet: im Wissen darum, wo die Remedur läge, und im gleichzeitigen Widerwillen davor.

Das Reduit ist eine Illusion
Handelszeitung, 20. Februar 2014

«Du hast die Freiheit, nicht zu denken wie ich; Leben, Vermögen und alles bleibt Dir erhalten; aber von dem Tage an bist Du ein Fremder unter uns.» Dieser Satz stammt von Alexis de Tocqueville und bildet den Kern dessen, was er die «Tyrannei der Mehrheit» nannte und als die grösste Gefahr einer Demokratie bezeichnete. Sie manifestiert sich, wenn «die Mehrheit einen drohenden Kreis um das Denken» zieht. Tocqueville veröffentlichte seine Analyse im Jahr 1835, nach einer langen Reise und intensiver Beobachtung des amerikanischen Staats, der aus dem Unabhängigkeitskampf resultierte. Sie passt in vielem auf das, was die Gemüter in der Schweiz seit dem 9. Februar 2014 erhitzt, uns aber schon viel länger ernsthaft beschäftigen sollte. Denn unabhängig davon, ob die hauchdünne Mehrheit am vorletzten Sonntag für oder gegen die Masseneinwanderungsinitiative gestimmt hätte: Der Abstimmungsentscheid und die Debatten im Nachgang offenbaren letztlich die Unbeholfenheit unseres Landes, auf die Welt des 21. Jahrhunderts nüchtern und angemessen zu reagieren.

Angestossen und vorangetrieben wurde der Entscheid von der SVP, die seit über 20 Jahren eine Schweiz propagiert, deren wehrhaftes Volk der Globalisierung trotzt und seine Weiden bestellt (selbst wenn ein Teil des Düngers dafür aus dem Ausland kommt). Sie hat damit die Deutungshoheit in Sachen Aussenpolitik übernommen und legt fest, was als schweizerisch gilt und was nicht. Als Teil des Systems, deren andere Vertreter sie als vom Volk losgelöste «classe politique» hinstellt, macht sie sich die direkte Demokratie erfolgreich zunutze. Die nicht abbrechende Kaskade von Initiativen dient dazu, die Stimmung gegen eine in ihren Augen unfähige Politik und ein übermächtiges Ausland aufrechtzuerhalten und weiter anzuheizen. An der politischen Kultur dieses Landes ist das nicht spurlos vorbeigegangen; inwiefern das Land als Ganzes nun darunter zu leiden haben wird, ist noch offen. – Just am anderen Ende des parteipolitischen Spektrums beherrscht die SP das Festhalten an Glaubenssätzen auf Kosten konstruktiver Politik ebenfalls. Im Lärm der Extreme gehen die gemässigteren

Stimmen unter. Nicht von ungefähr beobachtete Tocqueville, dass in einer Demokratie «die Scharlatane aller Sorten sich so gut auf die Kunst verstehen, dem Volk zu gefallen, seine wirklichen Freunde bei ihm dagegen meistens durchfallen».

Genau diese Gefahr hatte Tocqueville im Hochhalten des «Dogmas der Volkssouveränität» erkannt. Er hatte deshalb umso genauer nach den Mechanismen gesucht, die diese Gefahr eindämmen – und sie in zwei Schranken gefunden: einer starken zentralen Regierung und einer ebenso starken Justiz. Er bewunderte die Gemeindeautonomie und damit die Möglichkeit, die «gewöhnlichen» Dinge vor Ort und nach eigenem Ermessen zu gestalten. Dazu aber gab es die «andere, aussergewöhnliche Regierung für gewisse allgemeine Interessen», allen voran für die Aussenpolitik. Das Verfassungsgericht schliesslich, das den Volkswillen und auch politische Entscheide immer wieder mit rechtlichen Ellen misst, stellte für Tocqueville «das mächtigste Bollwerk gegen die Ausschreitungen der Demokratie» dar.

Nun ist es einigermassen müssig, über eine Systemreform der Schweiz nachzudenken, die ein Verfassungsgericht und eine für aussenpolitische Fragen allein zuständige Bundesregierung beinhalten würde. Die Ironie dieser Parallele liegt höchstens in der Tatsache, dass sowohl eine institutionelle Lösung mit der EU – allerdings mit einer realistischen Einschätzung der Rolle des Europäischen Gerichtshofs – als auch ein Beitritt zum EWR oder zur EU die schweizerische Demokratie in diese Richtung hin entwickeln würde. Diese Unmöglichkeit institutioneller Korrekturen bedeutet aber umgekehrt, dass der Diskurs um mögliche andere Lösungen umso dringlicher ist. Dass der Bundesrat nun angesichts des knappen Ergebnisses auf die Verständigung zwischen den Befürwortern und den Gegnern setzt, ist richtig und klug. Dass er aber derart nüchtern zur Tagesordnung übergeht, reicht für die Behebung der tiefer gehenden Ursachen dieses Abstimmungsergebnisses nicht aus.

Seit den späten 1980er-Jahren, in den Diskussionen um die sich entwickelnde Europäische Gemeinschaft und das Alternativszenario des EWR, forderten verschiedene Exponenten aus Politik und Medien eine offene Diskussion über die Stellung der

Schweiz in Europa, so etwa der damalige FDP-Präsident Bruno Hunziker: «Das Volk muss vertraut gemacht werden, damit es sich ‹en connaissance de cause› zum Kurs äussern kann, den unser Land europa- und weltweit in Zukunft einzuschlagen hat.» Diese «ausgreifende Debatte», wie er es nannte, hat es nie gegeben. Die Sieger der ebenfalls mit 50,3 Prozent entschiedenen EWR-Abstimmung hatten das Feld des Denkens rasch abgesteckt: Wer seither das gegenwärtige Verhältnis der Schweiz zur EU auch nur andiskutieren will, wird umgehend in die Ecke der potenziellen Landesverräter gestellt. Die jüngste Attacke Christoph Blochers gegen die angeblich unschweizerischen Romands und Städter liegt ganz auf dieser Linie.

Tatsache aber ist, dass die Schweiz zwar über ihre Wirtschafts-, Sozial- und Migrationspolitik entscheiden, sie aber nicht im Alleingang umsetzen kann. Es muss deshalb eine offene Auseinandersetzung darüber möglich sein, in welchem Verhältnis unsere Innenpolitik zum internationalen Umfeld steht. Man hat dies in den letzten Jahren unterlassen – aus Angst, der Gewinnerin vom letzten Sonntag in die Hände zu spielen. Dass dies vielleicht nicht die richtige Strategie war, hat sich jetzt gezeigt. Es muss auch in der Schweiz das Bewusstsein dafür geschaffen werden, dass Souveränität mehr heisst, als Nein sagen zu können. Souveränität bedeutet heute, seine Interessen dort einbringen und mitreden zu können, wo die Weichenstellungen auch erfolgen – und das idealerweise nicht aus der Defensive heraus. Das Reduit ist eine politische und ökonomische Illusion.

Nach dem EWR-Nein waren die Schweizer Diplomaten zu Höchstleistungen aufgefordert – und sie hatten sie nach Jahren zähen Verhandelns (und einer wirtschaftlichen Durststrecke) erbracht. Ob ihnen dies angesichts der gegenwärtigen Verfassung der EU noch einmal gelingen wird, ist ungewiss. Es ist möglich, dass wir vor uns ein paar Jahre haben, in denen wir ein abgeschwächtes Wachstum nicht einmal, wie es die Linke nun im Kielwasser der angenommenen Initiative wünscht, planen müssen, sondern schlicht erleben werden, mit allen Nachteilen, die das auch mit sich bringt. Und es ist ebenso möglich, dass wir dann vor der Entscheidung stehen werden, der EU (oder dem EWR) beizutreten, um vom Binnenmarkt profitieren zu können, oder uns ganz von Europa loszulösen. Genau deshalb ist es wichtig, jetzt endlich offen und nüchtern darüber zu sprechen, welche Chancen und welche Risiken, welcher Nutzen und welche Kosten für die Schweiz mit diesen Optionen verbunden sind und welches überhaupt unser Selbstverständnis als Teil dieser Welt ist. Es gilt, den gezogenen Kreis um das erlaubte Denken endlich aufzubrechen.

EU-Wahlen: Vom Protest zum Programm?
AZ Nordwestschweiz, 30. Mai 2014

Europa hat gewählt – und wie erwartet haben die Europaskeptiker zugelegt. Die EU wird daran nicht scheitern. Es dürfte jedoch wertvoll sein, das Ergebnis in zwei Richtungen zu lesen: eine nationalistische und eine föderalistische.

Der nationalistische Reflex in Zeiten der Globalisierung ist nachvollziehbar. Globale Arbeitsteilung und Wertschöpfungsketten, zunehmende Arbeitsmigration und schwindende nationale Autonomie nähren die Angst vor Kontroll- und Wohlstandsverlust. Da ist der Rückzug auf das Bekannte – die Nation – nachvollziehbar. Die europäischen Nationalstaaten waren einst die grosse Rettung. Sie entstanden im Nachgang zur bürgerlichen und industriellen Revolution, welche die Menschen aus ihren traditionellen ständischen, verwandtschaftlichen und lokalen Zusammenhängen gerissen hatten. Ob als Kultur- oder Willensnation bildeten sie nach diesen gewaltigen Umwälzungen, die breite Unsicherheit auslösten, ein neues Ganzes. Sie stifteten Identität und ermöglichten die Etablierung gemeinsamer Werte und die Schaffung politischer Institutionen.

Der Nationalstaat hat zwar nicht ausgedient, der Nationalismus als Rückzugsort aber ist gefährlich – 1914 hat uns dies vor Augen geführt. Umso wichtiger ist es, dieses neue Ganze, das im Entstehen begriffen ist, in die richtige Richtung zu lenken. Und das kann in der Welt des 21. Jahrhunderts nur ein geeintes Europa sein, das am gemeinsamen Projekt festhält, aber regionale Ängste und Eigenheiten ernst nimmt. Denn auch so kann man die Wahlresultate in den alten EU-Ländern interpretieren: Das Votum der kritischen EU-Wählerinnen und Wähler richtete sich nicht nur gegen Brüssel, sondern ebenso an die eigenen Regierungen mit dem Aufruf, die Autonomiespielräume zu nutzen und im eigenen Land für Aufschwung zu sorgen – was allerdings wiederum auch nur mit Unterstützung der Bevölkerung selbst möglich ist.

Europa tut also gut daran, die Skepsis ernst zu nehmen und die eigenen Versprechen der letzten Jahre – mehr Demokratie und Föderalismus – nun auch umzusetzen. Alexis de Tocqueville, der im frühen 19. Jahrhundert die *Demokratie in Amerika* beschrieb, machte dort zwei Regierungen aus: eine «aussergewöhnliche, begrenzte» – zentrale – für gewisse allgemeine Interessen und eine gewöhnliche – dezentral autonome – für die täglichen Bedürfnisse der Gesellschaft. Föderationen – wie etwa die USA oder die Schweiz – zeichnen sich dadurch aus, dass sie Integration und territoriale Eigenständigkeiten verbinden, indem sie allen gemeinsame und jeweils eigene Regeln kennen und Entscheide je nach Politikbereich zentral oder dezentral fällen.

Wo in der EU mehr Föderalismus gefragt ist, muss allerdings gut bedacht sein. Selbst wenn die Personenfreizügigkeit auch in der EU zur Disposition stehen würde – im besten Fall kann die Schweiz eine auch für die EU taugliche Lösung vorschlagen –, von der Schweiz aus gesehen sei ganz einfach an die ersten Massnahmen zur Einigung des jungen Bundesstaats erinnert: Es waren die Abschaffung der Binnenzölle, die Etablierung einer gemeinsamen Währung und die Liberalisierung des Arbeitsmarkts mit einer landesweiten Niederlassungsfreiheit – mit anderen Worten: die Schaffung eines Binnenmarkts.

Die EU wird an ihrem Binnenmarkt nicht rütteln. Ihr steht – vor und nach dieser Wahl – ein langer und aus historischer Sicht folgerichtiger Prozess der Schaffung und Etablierung politischer Institutionen bevor, der neben der Integration auch den Föderalismus und die Demokratie stärken muss. Und dieser bedingt einen stärkeren Dialog mit der Bevölkerung. Dass das gelingt, ist auch in unserem Interesse. Je besser es der EU geht, desto besser geht es auch der Schweiz.

Mythos Unabhängigkeit
AZ Nordwestschweiz, 21. August 2014

«... nichts kommt dem Stolz und der Anmassung der Schweizer gleich. Da gibt es nicht einen dieser Bauern, der nicht fest davon überzeugt wäre, sein Land vermöge allen Fürsten und allen Völkern dieser Welt zu trotzen.» Dieser Satz stammt – ein Wort verrät es – nicht aus einem diplomatischen Geheimpapier der EU. Er umschreibt einen Vorfall aus dem Jahr 1848, dem Gründungsjahr des schweizerischen Bundesstaats, geschrieben von Alexis de Tocqueville in seinen *Erinnerungen* an die Zeit, als er französischer Aussenminister war. Er hatte mit der Schweiz zu tun: Es ging um politische Flüchtlinge und den Anspruch der Schweiz auf Souveränität.

Der Wiener Kongress hatte 1815 in Europa zwar wieder die alte Ordnung hergestellt. Die revolutionären Energien aber liessen sich nicht einfach zum Verschwinden bringen. Im Gegenteil: Ob Bonapartisten aus Frankreich, Liberale in Deutschland oder Carbonari in Italien – sie alle kämpften weiter für einen Staat ohne Monarchen und für Bürger mit Rechten. Weil sie in ihren Ländern verfolgt wurden, flüchteten viele von ihnen in die Schweiz. Kein Wunder, war dies den umliegenden Mächten ein Dorn im Auge, mussten sie doch befürchten, dass die Aufständischen von der Schweiz aus die Bewegungen weitertreiben und Umstürze planen würden. Wiederholt wurde die Schweiz deshalb aufgefordert, die Anführer auszuliefern. Die Schweiz hingegen pochte auf Souveränität und wollte sich nichts vorschreiben lassen. Nachdem diplomatische Avancen keine Erfolge zeitigten, nützte schliesslich dies: Die umliegenden Länder schlossen die Grenzen und liessen niemanden mehr hinein – sprich aus der Schweiz heraus. Worauf sich die Schweiz mit knapp 12 000 Revolutionären wiederfand, die ernährt, untergebracht und versorgt werden mussten – und schliesslich beschloss, dem ausländischen Druck nachzugeben und sämtliche Flüchtlinge auszuweisen.

Tocqueville schloss seinen Bericht mit der Bemerkung: Die Schweizer «handelten schliesslich freiwillig, um sich vorübergehend Mühen und Kosten zu ersparen. Nie wurde die Natur der Demokratie deutlicher sichtbar, die meistens nur sehr verwirrte und sehr irrtümliche Vorstellungen von den auswärtigen Angelegenheiten hat.»

Nachzulesen sind diese und ähnliche Geschichten in einem Buch der Westschweizer Journalistin Joëlle Kuntz mit dem Titel *Die Schweiz – oder die Kunst der Abhängigkeit. Zwischenruf* (Zürich 2014), in dem sie faktenreich und unverblümt die Geschichte der schweizerischen Aussenpolitik erzählt. Dabei wird deutlich: Die kluge Anpassung dominierte die sture Durchsetzung bei Weitem. Kuntz beschreibt – nach einer Einordnung der Alten Eidgenossenschaft – noch einmal den Westfälischen Frieden von 1848, an dem die Schweiz allein von Frankreich als «souverän» bezeichnet wurde, nicht aber vom Heiligen Römischen Reich Deutscher Nation selbst. Dieses sprach nur von der «vollen Freiheit und Ausnahme vom Reich». Kuntz ruft auch den Wiener Kongress in Erinnerung, an dem die Grossmächte Europas in einer Urkunde festhielten, dass «die Neutralität und Unverletzbarkeit der Schweiz sowie ihre Unabhängigkeit von jedem fremden Einfluss dem wahren Interesse aller europäischen Staaten entspricht».

Man weiss, dass eine Erzählung, welche die Geschichte der Schweiz auf Autonomie und Unabhängigkeit reduziert, zu kurz greift. Und dennoch dominiert sie in geradezu tendenziöser Weise den gegenwärtigen politischen Diskurs in der Schweiz. Joëlle Kuntz stellt diese einseitige, ja verklärende Sicht auf die Dinge nicht einfach nur infrage, sondern belegt ihr Gegenteil anhand zahlreicher Ereignisse und Anekdoten. Die Schweiz ist nicht unabhängig, und sie war es nie. Es gibt vielmehr ein Bewusstsein der Abhängigkeit – und darauf basierend «die Kunst, sich darin zurechtzufinden, eine Routine im Verhandeln, die zur Meisterschaft führte, eine Obsession der Maximierung der Vorteile und Minimierung der Zwänge». So professionell die Schweiz auf die Aussenwelt ausgerichtet ist – weil sie auch von ihr abhängig ist –, sosehr sollte sie (wieder) erkennen, dass Abschottung und Isolation der falsche Weg sind. Das Büchlein ist eine Pflichtlektüre für alle, welche die Geschichte kennen und nicht einfach dem Mythos und seinen Promotoren glauben wollen.

III.
Die Märkte ...

Fairness für wen?
AZ Nordwestschweiz, 25. August 2011

Die Welt ist aus den Fugen geraten. Diesen Eindruck muss man haben, wenn man nicht nur die Finanzkrise und ihre Folgen der letzten Jahre, sondern vor allem auch die Entwicklungen der letzten Wochen betrachtet. Ein in ungeahnter Wucht aufgewerteter Schweizerfranken, ein unaufhaltsam sinkender Euro und ein geradezu ins Bodenlose stürzender Dollar. Ein Begriff, der immer wieder auftaucht, ist der des «fairen Wechselkurses» – und damit verbunden die Klage, der gegenwärtige Frankenkurs sei «unfair».

Die Ökonomie selbst spricht von gleichgewichtigen Wechselkursen, welche die realen volkswirtschaftlichen Gegebenheiten unterschiedlicher Länder widerspiegelt. Weil es jedoch unterschiedliche Berechnungsmethoden gibt – die Berücksichtigung der Kaufkraft, der Produktivität oder auch der Aussenhandelspositionen –, bleibt dieser Gleichgewichtskurs eine Schätzung. Das Attribut «fair» erhalten solche Wechselkurse primär durch die Politik – und diese bezeichnet es denn auch als «unfair», wenn etwas aus dem Gleichgewicht geraten ist.

So sei es unfair, dass unsere Exportunternehmen ihre Produkte, die zu Schweizer Löhnen gefertigt oder veredelt wurden, nicht zu einem angemessenen Preis im Ausland verkaufen können. Es sei auch unfair, dass unsere Tourismusdestinationen für viele ausländische Gäste aus den Reiseplänen gestrichen würden. Und es sei unfair, dass Importeure die Wechselkursgewinne nicht an die Konsumenten weitergeben. Sehr willkommen, aber letztlich genauso unfair ist unser derzeitiges Privileg, im grenznahen Ausland Lebensmittel, Möbel, Elektronik und vieles mehr billiger einkaufen zu können. Nicht zuletzt hat uns der harte Schweizerfranken günstige Sommerferien im Euroraum beschert.

Ausgleichende Gerechtigkeit also? Unfairness clever kompensiert? Klar ist: Was für den einen ein Schnäppchen, ist für den anderen möglicherweise die Existenz. Gerechtigkeit ist immer auch eine Frage des Standpunkts. Selbst der kluge und in gesellschaftlichen Fragen sehr präzise Lord Dahrendorf nahm das Gefühl der Ungerechtigkeit ernst, vom Begriff der Gerechtigkeit aber wollte er nichts wissen. Denn ob wir darunter «jedem das Seine» oder «jedem das Gleiche» verstehen, hängt wesentlich davon ab, ob unser Leben eine Glückssträhne ist oder ob wir zu den Pechvögeln gehören. Gerecht ist, was uns zusteht!

John Rawls hat in seiner Konzeption der *Gerechtigkeit als Fairness* (*Eine Theorie der Gerechtigkeit*, Frankfurt a. M. 1975), darzulegen versucht, was wir unter Gerechtigkeit verstehen und wie wir sie «herstellen» können. Unter «gerecht» versteht er vereinfacht das, was aufgrund verlässlicher Spielregeln, die von vornherein für alle Beteiligten klar sind, zustande kommt, einschliesslich nachträglicher Korrekturen zugunsten der Schwächsten, sofern diese niemandes Handlungs- und Entscheidungsfreiheit einschränken. Schon das macht – etwa mit Blick auf die Umverteilung via Steuern – durchaus Sinn: Helfen wir den Schwächsten, aber bremsen wir damit nicht die Stärkeren. Wie aber – das die logische Anschlussfrage – kommen die Spielregeln, die für uns alle gelten sollen, zustande? Rawls hat hierfür eine bemerkenswerte Versuchsanlage skizziert. Stellen wir uns vor, wir sitzen alle hinter einem «Schleier der Unwissenheit», haben also keinerlei Vorstellung von unseren Talenten, glücklichen Umständen oder auch Schwächen. In Unkenntnis unserer Eigeninteressen formulieren wir dann Grundregeln des Zusammenlebens, denen alle zustimmen können, weil Privilegien ausgeschlossen und Chancengleichheit garantiert sind.

Nun leben wir weder in einer idealen Welt noch in einem Denkmodell. Die Akteure auf den Devisenmärkten verfolgen ihre eigenen Interessen. Regulierungsbehörden entscheiden aufgrund vorläufigen Wissens, und ihre Entscheide werden weitere Verhaltensanpassungen nach sich ziehen. Ob Wechselkurse fair sind, ist letztlich eine Ermessensfrage. Deshalb können auch staatliche Interventionen nie allen gerecht werden. So ist es auch mit der Gerechtigkeit: Niemand kann sie vollumfänglich garantieren. Sie bleibt immer Resultat des gemeinsamen Erwägens, Aushandelns und fortlaufenden Anpassens.

Apokalypse jetzt
AZ Nordwestschweiz, 27. Januar 2012

Womit befassen wir uns eigentlich, wenn uns nicht gerade ein Skandal in Atem hält, eine akute Krise zu bewältigen ist (die EU-Krise ist Alltag) und auch in Bern keine Session stattfindet? Zeit, sich mit den ganz grossen Fragen des Lebens und der Welt zu beschäftigen – ganz so, wie es das Weltwirtschaftsforum in Davos dieser Tage wieder tut: «The Great Transformation: Shaping New Models» titelt es wie immer etwas grossspurig. Das ist wahrlich notwendig, wenn man sich dessen rechtzeitig zum Treffen publizierten *Global Risks Report* zu Gemüte führt. Die Benennung und Einordnung von 50(!) drohenden globalen Risiken ist tatsächlich erdrückend. Um nicht zu kapitulieren, sahen sich auch die Experten gezwungen, noch engere Kriterien zu setzen. Herausgefiltert wurde eine Liste von je fünf Risiken, einmal gemessen an ihrer Eintrittswahrscheinlichkeit, einmal an ihren Auswirkungen. Aus diesen zehn Risiken wurden wiederum fünf hervorgehoben, die sich als «Gravitationspunkte» im Risikonetz erweisen, weil sie besonders interdependent und folglich systemischer Natur sind. Damit landen die Experten schliesslich bei fünf zentralen globalen Risiken, die nach strategischen Interventionen rufen: chronische Staatsverschuldung, steigende CO_2-Emissionen, unzulängliche globale Gouvernanz, nicht nachhaltige Bevölkerungsentwicklung und technologische Systembrüche. Knapp nicht in diese oberste Prioritätenliste geschafft haben es, um den gegenwärtigen Stand der Bedrohung abzurunden, gravierende Einkommensunterschiede, Wasserknappheit und Hungersnöte, hohe Volatilität der Rohstoffpreise, Cyberattacken sowie grössere systemische Finanzkrisen (gemeint sein können wohl nur *noch* grössere Krisen, muss man sich dabei denken).

Wem es bis hierher nicht schwindlig geworden ist, darf sich einmal mehr bestätigt fühlen: Es wird nicht lustig 2012. Das WEF bemüht denn auch im Vorwort nicht ganz unbescheiden die Metapher der Dystopie, der negativen Utopie. Erwiese sich die Weltgemeinschaft als unfähig, diese Risiken entschieden einzudämmen, lieferten diese den «Samen» für den Unort der Zukunft.

Dystopien sind Endzeitvisionen, Weltuntergangsszenarien, in denen eine Welt an sich selbst zugrunde geht. Wir kennen solche Darstellungen aus Literatur und Film. Wer das Übel nicht in der Zivilisation sieht, hält sich dieses Jahr an den Mayakalender, der den unmittelbar bevorstehenden Weltuntergang auf den 21. Dezember 2012 datiert.

Es gibt aber Hoffnung. In seinem kürzlich erschienenen Buch unter dem etwas marktschreierischen Titel *Wenn Ideen Sex haben. Wie Fortschritt entsteht und Wohlstand vermehrt wird* (München 2011) zeigt Matt Ridleys, dass wir allen Grund zum Optimismus haben: Man braucht nicht einmal an den Beginn der industriellen Revolution zurückzugehen, um den Fortschritt zu dokumentieren. Das Jahr 1955 genügt: Seither stieg der Lohn für jeden Erdbewohner im Durchschnitt um das Dreifache, seine Lebenserwartung nahm um ein Drittel zu, während die Kindersterblichkeit um ein Drittel sank. Grund dafür waren nicht nur technische Innovationen wie Telefon, Kühlschrank und Fahrzeuge, medizinischer Fortschritt wie das Eindämmen von Tuberkulose, Diphterie oder Typhus, sondern auch die massive Verbreitung kultureller Techniken wie Lesen und Schreiben. Die Spezialisierung der Menschen hat sich massiv erhöht, und mit ihr die Möglichkeit, sich an Handel und Tausch zu beteiligen. Soziale Evolution beruht nach Ridley auf der exponentiellen Verknüpfung von Ideen.

Ideen braucht es auch, um die genannten globalen Risiken in den Griff zu bekommen. Ein Blick in die Geschichte macht es relativ unwahrscheinlich, dass wir ausgerechnet heute, wo wir nie zuvor vernetzt sind, nicht fähig sein sollten, durch innovative Lösungsansätze das Schlimmste abzuwenden.

Zum anderen liegt der Trost in der Dystopie selbst: Es gibt keine Apokalypse ohne Hoffnungsschimmer; und Endzeitvisionen sind so etwas wie ein gesellschaftliches Memento mori, das uns immer wieder dazu anhält, zu unserer Welt Sorge zu tragen. Das dürfte der Nutzen einer seriösen Priorisierung der globalen Risiken sein: ein Aufruf, die wichtigen Dinge anzupacken. Ich bin zuversichtlich, dass uns dies gelingt. Auch bis zum 21. Dezember. Und nicht nur in Davos.

Erpressung zahlt sich aus?
AZ Nordwestschweiz, 6. Juli 2012

Zumindest einen positiven Aspekt haben Krisen: Sie erweitern unseren Wortschatz. Wir haben gelernt, dass es Subprime-Hypotheken gibt, wir wissen, selbst wenn wir wenig oder gar keine Ahnung von Geldpolitik hatten, was «quantitative easing» darstellt, und wir haben erkannt, dass der wichtigste Akteur in politischen Belangen «die Märkte» sind. Sie haben, zumindest gemäss eigener Einschätzung, als Erste auf die heillose Verschuldung zahlreicher Staaten hingewiesen, sie drängen auf eine europäische Fiskalunion, und sie haben das unmissverständliche Signal ausgesandt, dass Banken zu retten seien.

«Die Märkte» sind also die Finanzmärkte: das Zusammenspiel von Analysten, Investoren, Anlegern, Käufern und Verkäufern von Aktien, Obligationen, Devisen, Krediten in direkter oder vielfältig strukturierter Form. Glaubt man einschlägigen Artikeln oder Filmszenen, muss man sich das etwa so vorstellen: Nachdem nachts (Finanzhäuser sind die Schichtbetriebe der Dienstleistungsindustrie) die Analysten die Entwicklungen in Politik und Gesellschaft (eine gewaltige Leistung in Komplexitätsreduktion) durchforstet und die Lage der Märkte (also sich selbst) beobachtet haben, geht am frühen Morgen ein Befehl an die Belegschaft, diese oder jene Papiere zu kaufen oder zu verkaufen. Dann wird den Tag über gehandelt, bis das Ganze am Abend, in der Nacht, am Morgen von Neuem beginnt.

Was aber machen diese «Märkte»? Betreiben sie weise Vorausschau? Legen sie den Finger auf den wunden Punkt? Oder treiben sie uns ins Verderben? Man mag diese kollektiven Ereignisse, die aggregierte Entscheidungen von Marktteilnehmern nun mal hervorbringen, «Herdentrieb» oder «Schwarmintelligenz» nennen. In beiden Fällen spielt sich das Verhalten in einem Spannungsfeld von Analysen und Neigungen, Überlegungen und Emotionen, Rationalität und Instinkt ab. Deshalb gestehen ihnen die einen politische Qualitäten zu – so Josef Ackermann, indem er sie kürzlich – vermutlich nicht einmal ironisch – als «die beste Schuldenbremse» bezeichnete; für andere, etwa den britischen Ökonomen

Paul Wooley, sind sie dysfunktional und ineffizient, weshalb er zur Erforschung dieser Dysfunktion einen Lehrstuhl an der London School of Economics and Political Science eingerichtet hat. Selbstlos sind die Märkte jedenfalls nicht: «Erpressung zahlt sich aus, auch an den Finanzmärkten», fasste eine wirtschaftsnahe Zeitung die jüngsten Kursbewegungen im Nachgang zum letzten EU-Gipfel erleichtert zusammen. Aber offenbar ist das Ganze nicht so ernst gemeint: «Die Märkte» wollen ja nur ein wenig spielen, «Merkel-Rallye» zum Beispiel ...

Die Politik hat das Nachsehen. Geht es ja hier darum, mühsam Kompromisse auszuhandeln zwischen unterschiedlichen Positionen, ja Weltanschauungen, und dabei nicht nur die Partei-, sondern auch die Medienlogik mit zu bedenken. Ausserdem darf die Rechtslage nicht ganz ausser Acht gelassen werden: jene Errungenschaft, die sich Rechtsstaat nennt, die über festgelegte Verfahren und Prozesse sicherstellt, dass die Betroffenen auch Beteiligte sind und keine Willkür herrscht. Denn selbst wenn die Gesetze nicht vom Himmel fallen, über Nacht ausheben lassen sie sich nicht – oder eben nur dann, wenn «die Märkte» den Takt vorgeben: bei der Rettung von Banken, beim Absegnen von Staatsverträgen oder bei der Errichtung milliardenschwerer Rettungsschirme.

Böse Märkte, gute Politik? Vermutlich liegt auch hier die Wahrheit in der Mitte. Die Krux des Finanzsystems ist, so der Historiker Niall Ferguson, ganz wesentlich in der menschlichen Natur begründet: Verführungen sind stärker als die Vernunft, Euphorie mächtiger als Nüchternheit und Respektlosigkeit eine Spielart der Machtausübung. «Die Märkte» verbieten hiesse also die menschliche Natur abschaffen. Während «die Märkte» aber auch ungeahnten Wohlstand geschaffen haben, muss sich die Politik mit der Natur des Menschen befassen. Thomas Hobbes, dessen politische Philosophie im Zeichen des englischen Bürgerkriegs stand, beschrieb den Naturzustand als «Krieg eines jeden gegen jeden». Ihm sind wir entkommen, weil wir uns, wie Hobbes es vorschlug, Gesetze und einen Staat gegeben haben, der uns voreinander schützt. Die Geschichte der Menschheit ist also auch eine der Zähmung der menschlichen Natur: durch Gesetze, Rechtsprechung und Regulierung – bei gleichzeitiger Wahrung grösstmöglicher Freiheit.

Von Vor- und Leitbildern
AZ Nordwestschweiz, 29. August 2012

Mit der Auslieferung der Mitarbeiterdaten von Schweizer Banken an die USA sind wir beim Kern der Sache angelangt: Nach allen Verwerfungen – vom Verkauf fauler Kredite über die Beratung zur Steuerhinterziehung bis hin zur Manipulation des Libor – geht es hier um die Frage, inwiefern ein Einzelner in einem Grossunternehmen für sein Handeln Verantwortung trägt und in welchem Mass die Verantwortung dafür bei den Vorgesetzten auf der obersten Etage liegt.

Blenden wir kurz zurück: Nachdem 2011 der wegen unrechtmässiger Handelsgeschäfte angeklagte Kweku Adoboli verhaftet wurde, musste Oswald Grübel zurücktreten; beim Libor-Skandal dieses Sommers reichte eine Entschuldigung nicht, praktisch das ganze Topmanagement von Barclays musste gehen. Beide Vorfälle führten zu einem Wechsel in der obersten Etage. Und doch wurde der Hinweis auf die kriminelle Energie von Einzeltätern stets mitgeliefert. Man reagierte überrascht, ja empört, suchte das Leck in der internen Überwachung, besetzte ein paar Posten um und hielt die Sache für geregelt. Eine Fehleinschätzung, wie immer neue Meldungen über zweifelhaftes Verhalten von Bankmitarbeitern zeigen.

Wann bin ich verantwortlich für eine Handlung? Lexikalisch lautet die Antwort: Wenn ich zurechnungsfähig bin, wenn ich für die Handlung zuständig bin, wenn ich die Fähigkeit und konkrete situative Möglichkeit dazu habe sowie die Einsicht in die absehbaren Folgen. Als «verantwortlich» können aber auch äussere, nicht beeinflussbare Umstände bezeichnet werden. Schliesslich liegt auf der Hand, dass komplexe Abläufe differenzierter Fähigkeiten bedürfen, Alternativen zu sehen und den eigenen Ermessensspielraum richtig einzuschätzen.

Bezogen auf den vorliegenden Kontext ist klar, dass die Zurechnungsfähigkeit der Einzelnen kaum infrage gestellt werden dürfte. Wie sonst wären, nebenbei gefragt, die doch ansehnlichen Löhne und Boni zu begründen? Zuständigkeiten müssten intern geregelt sein – wobei wohl auch hier die goldene Führungsregel gelten dürfte, wonach die Erfolge jene der Mitarbeiter sind, die Fehler aber jene des Chefs. Äussere, nicht beeinflussbare Umstände sind eigentlich keine auszumachen, denn der Rechtsrahmen – die für Aussenstehende etwas spitzfindige Differenzierung zwischen Steuerbetrug und Steuerhinterziehung etwa – ist ein anderer zentraler Faktor, wenn es um die Frage der Verantwortung geht: Worauf beziehe ich mich, welchen Massstab wende ich an, um zu erklären, was verantwortungsvoll ist und was nicht?

An diesem Punkt eröffnet sich eine ganze Reihe von möglichen Rechtfertigungen. Nehme ich den Unternehmenserfolg als Massstab, kann ich mich auf Vorgaben von oben, seien diese qualitativer oder quantitativer Natur, berufen; habe ich persönliche Erfolgsziele, kann ich auf Fehlanreize in der Vergütung verweisen, die ich ja nicht selbst festgelegt habe; fasse ich meinen Zuständigkeitsbereich eng, kann ich auf die unzulängliche interne Kontrolle hinweisen; beziehe ich mich auf das geltende Recht, steht das damals noch geltende Bankgeheimnis zur Verfügung; sehe ich mich als Rädchen im Getriebe, ist der Hinweis darauf, dass es alle anderen auch so gemacht haben und immer noch tun, rasch zur Hand. – Bin ich damit entschuldigt?

Verantwortlich sein bedeutet immer auch, sein Verhalten begründen zu können. Das wiederum setzt eine vernünftige – rationale – Prüfung der Ziele und Folgen voraus. Es stellt sich also die Frage, in welchem Mass eine solche Prüfung der eigenen Handlung und Abschätzung ihrer Folgen in einem komplexen Unternehmen überhaupt möglich (und erwünscht) ist. Gerade in Grossunternehmen kann jeder Beteiligte nur einen Ausschnitt der gesamten Abläufe und Auswirkungen überblicken. Genau deshalb trägt die Unternehmensführung, indem sie Ziele, Organisation und Zuständigkeiten festlegt, die Gesamtverantwortung.

Das Entscheidende aber ist: Wie nutze ich die Freiheit, wie fülle ich den Spielraum, den ich habe? Dafür braucht es, wie gesagt, einen Referenzrahmen. Und dieser besteht neben den «harten» Rechtsgrundlagen und Zuständigkeiten auch aus einer Unternehmenskultur. «Leitbild» heisst der vielfach belächelte Referenzrahmen, der mir sagt, was ich tue oder besser lasse. Das ist die wahre Grossbaustelle der Banken – ihrer Mitarbeiter, vor allem aber ihrer Chefs.

Moral für alle
AZ Nordwestschweiz, 11. Januar 2013

Was dem schweizerischen Bankgeheimnis in den letzten drei Jahren widerfahren ist, gleicht einem politischen Erdbeben. Nach der Anerkennung des OECD-Standards in Sachen Amtshilfe bei Steuerbetrug und der erfolglosen Strategie der Abgeltungssteuer als zusätzlicher Standard wird nun gar auf mehreren Ebenen relativ offen über mögliche Eckwerte eines automatischen Informationsaustauschs diskutiert. Diese Entwicklung rüttelt nicht nur tief am schweizerischen Selbstverständnis, ganz besonders am Verhältnis zwischen Bürger und Staat. Es stellt sich nun auch im Inland die Frage, wie mit Steuerhinterziehung – oder -betrug? – zu verfahren ist. Im Strudel dieser Dynamik wurde die Idee einer «Steueramnestie für die Kleinen» eingebracht (AZ vom 7. Januar 2013). Die Idee ist bestechend, geht es doch darum, die «kleinen Fische» zu regularisieren, die grossen hingegen nicht. Die «kleinen» Steuerhinterzieher sollen die Möglichkeit erhalten, sich durch Begleichen der offenen Beträge straffrei zu halten, während die grossen geahndet und gebüsst werden sollen. – Ist das korrekt?

Viele mögen sich schon über die eine oder andere Nachfrage vom Steueramt geärgert und dabei gedacht haben, dass etwa bei Unternehmen, denen treuhänderische Tricks zur Verfügung stehen und deren Abrechnung weit komplexer ist, eher einmal ein Auge zugedrückt wird. Und der Unmut darüber, dass die Hasardeure der Finanzwelt die Folgen des Schadens, den sie angerichtet haben, kaum tragen müssen, ist nachvollziehbar. Der Libor-Betrug schliesslich ist von einer Dimension, die andere Finanzdelikte in die Nähe der «Kleinkriminalität» zu rücken vermag. Dennoch: Rechtfertigen diese Vergleiche und Verhältnisse, kleine Vergehen als «menschlich und verständlich» zu entschuldigen? Ich meine nein, denn das wäre Gift für die Moral einer Gesellschaft.

Grosse Delikte sind schlimmer als kleine, sie richten grösseren Schaden an, und sie mögen teilweise auch durchtriebener angegangen worden sein als der kleine «Bschiss» um ein paar hundert Franken. Wenn Staaten regelmässig und vorsätzlich um

Tausende oder gar Millionen von Steuergeldern betrogen werden, kann dies den staatlichen Handlungsspielraum zu Unrecht einschränken. Wenn aber auch bei kleineren Steuerbeträgen, Subventionen oder Sozialleistungen einfach so «ein bisschen geschummelt» wird, unterhöhlt das die Funktionsfähigkeit gesellschaftlicher Systeme. Am Ende ist der Schaden genauso gross, weil nicht nur finanziell, sondern auch moralisch.

«Wehret den Anfängen!», hätten unsere Mütter und Väter gewarnt. Die Ethik spricht von der sogenannten «slippery slope», der schiefen Ebene, auf die man sich zu begeben droht, wenn ein kleines Delikt ungestraft bleibt: Die Verführung ist da, es mit grösseren Delikten zu wagen. Bildlich spricht man auch von einem Dammbruch: Die Hemmung fällt ab, das schlechte Gewissen bleibt aus, die Vergehen nehmen zu.

Wenn wir anfangen, zwischen grossen und kleinen Vergehen moralisch zu unterscheiden, untergräbt das ein zentrales Fundament unserer Gesellschaft. Wenn nicht jeder von uns weiss, was Recht und was Unrecht ist, und den Willen hat, auch der kleinsten Versuchung zu widerstehen, wird sich irgendwann niemand mehr an diese Grenze halten. Man vermeidet nur noch, was bestraft werden kann, und braucht für alles und jedes ein Gesetz. Die Verhältnismässigkeit der Ahndung und Bestrafung grösserer und kleinerer Delikte zu wahren, obliegt dem Strafrecht und der Rechtsprechung. In der Moral aber sollten wir uns ans Prinzipielle halten, und zwar alle.

Wenn Steuern zahlen «in» wird
AZ Nordwestschweiz, 17. Mai 2013

Irgendwann schlägt das Pendel zurück. Nachdem es für Konzerne jahrelang gängige Praxis war, Steuern mit überkomplexen, aber legalen Konstrukten auf ein absolutes Minimum zu reduzieren, versprach Starbucks im letzten Dezember, dem Vereinigten Königreich «freiwillig» 20 Millionen Pfund an Steuern zu zahlen, selbst wenn der Betrieb Verluste erwirtschaften sollte; davor hatte das Unternehmen während dreier Jahre keine Steuern bezahlt. Die Proteste in England waren so harsch, dass das Unternehmen Angst vor einem bleibenden Imageschaden hatte. Ein Parlamentsmitglied kommentierte denn auch treffend, diese Zahlungen oder vielmehr Zahlungsankündigungen hätten mehr mit Unternehmensreputation denn Unternehmenssteuern zu tun; ein anderes meinte sarkastisch, die Unternehmensleistung müsse ja peinlich schlecht sein, wenn es nicht einmal für Steuerzahlungen reiche. Und erst kürzlich präzisierte die Labour-Abgeordnete Margaret Hodges, dass Steuerzahlungen nicht etwas Freiwilliges seien, sondern eine Schuldigkeit, eine Verpflichtung. Moral muss man in diese Aussage nicht hineininterpretieren, der Verweis auf die gesetzlichen Grundlagen genügt.

Da nun aber Steueroptimierungen legal sind, erstaunt es nicht, dass es mehrere Initiativen und Bemühungen gibt, dieser Zerstückelung der Unternehmensgewinne ein Ende zu setzen. Das Tax Justice Network beispielsweise schlägt vor, multinationale Unternehmen als Einheit zu besteuern, wobei die Gewinne jenen Ländern zugerechnet werden, in denen sie anfallen. Legt man erst mal den spontanen Widerwillen gegen solche aus liberaler Perspektive marktskeptischen Pressure-Groups beiseite, ist es gar nicht so dumm, dass sich ein Netzwerk von Fachleuten der Frage widmet, wie man Unternehmensstandorte für ihre Leistungen angemessener abgelten kann. Dass entsprechende Anpassungen ohne internationale Kooperation – etwa über die OECD – kaum Realität werden dürften, ist offensichtlich. Es bräuchte gleich lange Spiesse – so wie sich das die Schweiz in Sachen Eigenkapitalquote für Banken wünscht (und vorausschauend auch den Steuerstreit mit der EU um Holding-Besteuerung angehen sollte). Damit muss der Steuerwettbewerb nicht etwa unterbunden, wohl aber an gewisse Grundsätze gebunden werden.

Steuern sind und bleiben Zwangsabgaben; niemand zahlt sie freiwillig, und in der Geschichte gab es zahlreiche Steuerrevolten – allen voran jene der nordamerikanischen Kolonien gegen das britische Mutterland unter dem Motto «No taxation without representation!». Dennoch zahlen wir Steuern aus guten Gründen: Weil wir uns als Gesellschaft zu einem Staat zusammengeschlossen haben, der uns Freiheiten ebenso wie Sicherheiten, dazu Bildung und Infrastruktur garantiert. Wer die Staatsleistungen in Anspruch nimmt, sollte dafür auch seinen Obolus entrichten. Eine Anarchie frei nach dem Motto «Stell dir vor, es gibt einen Staat, und niemand zahlt ein» wäre weder überlebensfähig noch stabil – vorausgesetzt, Regierungen verwenden die Steuereinnahmen redlich und effizient; Gegenbeispiele finden sich unweit südlich von uns.

Im Übrigen soll es Konzerne geben, die ihre Anwälte bereits damit beauftragen, die Steuerkonstrukte auf ein vernünftiges Mass zurückzuführen. Was auch immer «vernünftig» heissen mag: Möglich, dass Unternehmen – und ihre Topverdiener obendrein – irgendwann nicht mehr nur stolz ihre Gewinne und Boni ausweisen, sondern ebenso die Summe der Steuerzahlungen, mit denen sie ihre Standorte und deren Leistungen mitfinanzieren. Schliesslich könnte man auch umgekehrt zu den Gründervätern des amerikanischen Bundesstaats argumentieren: «No representation without taxation.»

Unternehmertum und Bürgertum
AZ Nordwestschweiz, 20. September 2013

Aus reiner Neugier habe ich kürzlich an einem Workshop für international tätige Führungskräfte teilgenommen. Übergeordnetes Thema war: Führung und Veränderungen. Die Diskussion kam bald auf das Thema «corporate citizenship», wörtlich übersetzt: «Unternehmensbürgerschaft», und zwar entlang der Frage, wie man denn als Unternehmen ein «besserer Bürger» werden könne. Die Antworten liessen nicht lange auf sich warten: Die Leader fühlten sich umgehend zu potenziellen Weltverbesserern berufen, die nicht nur das Unternehmen erfolgreicher, sondern gleich auch die Umwelt besser und die Gesellschaft sozialer zu machen trachteten. Über die an Grössenwahn grenzenden Phantasien konnte ich nur schmunzeln – sie scheitern ohnehin bald an der Realität. Gestört aber hat mich die Unschärfe, mit welcher der Begriff benutzt wurde.

Während sich eine Teilnehmerin ganz auf Harmonie einschoss und sogleich ein Fabelwesen kreierte, das mit seinen Dutzend hilfsbereiten Händen in grösster Freigebigkeit Wärme, Güte und Unterstützung verteilte, meinte ein anderer Teilnehmer, er verstehe sich als «Bürger eines Unternehmens». Wie das? Denn weder ist ein Unternehmen ein demokratischer Staat, in dem das Prinzip «one man, one vote» gilt, noch herrscht in einem Staat einzig Harmonie. Im Gegenteil, die Weichenstellungen für eine gemeinsame, für alle tragbare oder besser noch Perspektiven eröffnende Zukunft liegen nicht einfach auf der Hand. Sie müssen erkämpft werden; um Kompromisse wird gerungen.

Wenn sich ein Unternehmen als «corporate citizen» engagieren will, tut es also gut daran, sich zu überlegen, worauf es sich einlässt. Die Schwierigkeit liegt nämlich darin, dass das Konzept des «Unternehmensbürgertums» zwei Sphären miteinander verknüpft, die nach unterschiedlicher Logik funktionieren: ein Gemeinwesen über demokratische Legitimation und im Interesse der Allgemeinheit, ein Unternehmen als Körperschaft mit dem Ziel der Wertsteigerung, unter Umständen auf Kosten der Mitbewerber. Beides sind keine harmonischen Welten, in beiden herrscht

Konkurrenz, aber nach anderen Spielregeln und mit unterschiedlichen Zielen. Wer unternehmerische Verantwortung übernimmt, tut dies für ein Unternehmen; wer sich das Etikett des «citizen» anheftet, ist bereit, ein Stück weit politische Verantwortung zu übernehmen. Die Definition Rousseaus, wonach die Interessen eines «citoyen» nicht nur über seine jeweils eigenen hinausgehen, sondern das gemeinsame Interesse auch mehr ist als die Summe aller Eigeninteressen, vermag die Dimensionen dieses «guten Bürgers» nach wie vor zu umreissen. Unternehmensbürger sein kann somit beispielsweise heissen, sich für die – harten und weichen – wirtschaftlichen Rahmenbedingungen einzusetzen, und zwar nicht ausschliesslich im eigenen Interesse, sondern weil sie eben dem ganzen Land zugutekommen.

Es wäre jedoch verfehlt, den kritischen Blick nur auf Unternehmen zu richten. Denn die Differenzen zwischen den Sphären Wirtschaft und Politik gelten ja für beide. Anders gesagt: Auch die politische Logik ist nicht einfach unternehmenstauglich. Eine Demokratie braucht Gesetze und Regeln, die für alle gelten – unabhängig von Herkunft, Status oder Geschlecht. Nicht an Grössenwahn, sondern eher an Willkür erinnern gewisse Vorlagen, über die wir an der Urne befinden müssen. Alle Unternehmen über einen Leisten zu schlagen, ist verfehlt. Die politische Logik lässt sich auch nicht einfach auf die Welt der Wirtschaft übertragen. Vielleicht bräuchte es da zumindest gedanklich so etwas wie «citizen's corporateship» oder ein unternehmerisches Bewusstsein auch bei den guten Bürgerinnen und Bürgern.

Von Bankern und Bauern
AZ Nordwestschweiz, 24. Januar 2014

Die Geschichte des Bankgeheimnisses – das ja nun Geschichte ist – muss an dieser Stelle nicht noch einmal erzählt werden. Erwähnt werden soll nur, einmal mehr, dass es auf Druck des Auslands gefallen ist, und zwar in atemberaubendem Tempo und sehr tief, nämlich bis zum bereits in Erwägung gezogenen automatischen Informationsaustausch.

Wer weiss, ob es mit den Subventionen der Landwirtschaft bald ähnlich gehen wird. 2006 noch hatte der Bundesrat von sich aus die Gespräche mit den USA über ein mögliches Freihandelsabkommen abgebrochen. Man wollte hauptsächlich die Bauern und damit einen Teil der eigenen Wählerschaft schützen. Inzwischen hat sich dieser Abbruch als Fehler erwiesen. Anders wäre nicht zu erklären, dass die Schweiz ob der vor knapp einem Jahr von der EU und den USA formell eröffneten Verhandlungen über ein Freihandelsabkommen nervös wird und nach Wegen sucht, sich noch irgendwie «einzuklinken» oder später «anzudocken». Kein Wunder, denn die USA sind nach der EU die wichtigsten Handelspartner der Schweiz.

Was die Schweiz zu befürchten hat, ist klar. Sie könnte buchstäblich abseitsstehen, das heisst, es besteht ein «Diskriminierungspotenzial», wie auch der Bundesrat einräumt, die Handelsströme könnten umgeleitet werden. Konkurrenten aus der EU hätten einen wesentlich einfacheren Zugang zum US-Markt als Schweizer Unternehmen; US-Firmen fänden im EU-Binnenmarkt ein weit grösseres Potenzial als in der Schweiz. Dies betrifft freilich vor allem die Industrie. Sie ist am meisten auf den Zugang zu den beiden grossen Märkten angewiesen, denn sowohl ihre Handelspartner wie auch ihre Konkurrenten sitzen dort. Wenn sie schon keine Vorteile hat – der starke Franken lässt grüssen –, braucht sie zumindest gleich lange Spiesse, um im Markt bestehen zu können.

Der Freihandel – das Gegenteil von Protektionismus – wird nicht nur in der ökonomischen Theorie als Vorteil gepriesen. Auch in der Geschichte hat sich gezeigt, dass er zwischen Ländern, die ein ähnliches Entwicklungsniveau aufweisen, die Prosperität befördert und den Wohlstand beidseits erhöht. Gerade die Schweiz hat, nicht zuletzt ihrer Grösse wegen, ihre Aussenhandelspolitik stets prioritär behandelt: Sie musste schlicht ihren Markt vergrössern. Deshalb ist sie Gründungsmitglied der Organisation für wirtschaftliche Zusammenarbeit OECD, der Europäischen Freihandelsassoziation Efta (zu der neben der Schweiz nur noch die drei EWR-Länder Island, Liechtenstein und Norwegen gehören) und der Welthandelsorganisation WTO.

Die Brisanz des geplanten Freihandelsabkommens zwischen den beiden Giganten liegt freilich in unseren Beziehungen zur EU. Den Zugang zum heutigen EU-Binnenmarkt sichern das Freihandelsabkommen von 1972 und die bilateralen Verträge. Und für letztere fordert die EU nun eine «institutionelle Lösung». Bisher war oft die Frage, welches denn die Druckmittel – einige sprachen gar von «Folterinstrumenten» – der EU seien, falls sich die Schweiz querstellt. Das Zustandekommen eines Freihandelsabkommens mit den USA könnte sich als ein solches entpuppen – mit Auswirkungen auf die Landwirtschaft. Einmal mehr würde damit deutlich, dass rechtzeitige Weichenstellungen weniger schmerzhaft wären als (zu) späte Anpassungen unter Druck von aussen.

Machiavelli – den sich markige Machtpolitiker gerne zum Vorbild nehmen – hätte dazu eine klare Meinung gehabt. Weil «das Glück wechselt, die Menschen aber auf dem eingeschlagenen Weg verharren», schreibt er, haben sie «nur so lange Glück, als Schicksal und Weg übereinstimmen». Gut möglich, dass die Schweiz einen Teil ihrer Wegmarken überdenken muss, wenn sie ihr Schicksal weiterhin selbst bestimmen will.

IV.
... und die Menschen

Der Gipfel der Anspruchsgesellschaft
AZ Nordwestschweiz, 11. April 2011

Mit beeindruckendem Marketingaufwand präsentieren sich die Initianten eines bedingungslosen Grundeinkommens in der Öffentlichkeit. Nach Website, Film, Büchern und zahlreichen Medienauftritten luden sie vor einem Monat zu einem Kongress. Man muss aber nur einen Blick auf die Website dieser Veranstaltung werfen, um in das fröhlich-selbstbewusste Ambiente dieses «Happenings» einzutauchen. Nicht dass ich etwas gegen ausgelassene Stimmung hätte, im Gegenteil. Nur, fürchte ich, könnte uns diese utopistische Dynamik teuer zu stehen kommen.

Das Versprechen ist verführerisch: rund 2500 Franken im Monat aufs Konto, als staatlich garantiertes Existenzminimum. Die Initianten, welche die Frage, was man in einem solchen Fall tun würde, in den Raum stellten, freuen sich darüber, dass praktisch alle antworten, sie würden weiterhin, wenn auch weniger oder gemeinnützig, arbeiten. Alles in Butter also. Würde man die Frage hingegen umgekehrt stellen, etwa so: «Wären Sie damit einverstanden, mit Ihrem Lohn auch für jene aufzukommen, die keinen Anlass sehen, für sich selbst zu sorgen und einen Beitrag zur Gemeinschaft zu leisten?», fiele die Antwort wohl anders aus.

Die geschickte Anpreisung läuft mittlerweile unter dem Titel «AHV für alle». Der Vergleich hinkt allerdings, denn für die AHV-Rente muss man zumindest die Bedingung des erreichten Rentenalters erfüllen; überdies hat man ein Arbeitsleben lang für die Rentnerinnen und Rentner der vorherigen Generation einbezahlt, also eine Vorleistung erbracht. Auch die mitunter gezogene Parallele zu den Ergänzungsleistungen liegt schräg, denn für diese muss ein Bedürftigkeitsnachweis erbracht werden. Das macht das System zwar aufwendig und bürokratisch, stellt umgekehrt aber auch eine Hürde dar. Nach gut 40 Jahren Ergänzungsleistungen wissen wir, dass diese genau dann in Anspruch genommen werden, wenn sie sich lohnen. Und dafür wird das erforderliche Erwerbseinkommen genau kalkuliert. Menschen rechnen – das ist nicht zu verurteilen, aber einzubeziehen, wenn Vorschläge wie ein bedingungsloses Grundeinkommen auf den Tisch kommen.

Das zweite effektvolle Argument der Initianten ist, damit auf einen Schlag die Sozialbürokratie abzuschaffen und auf eine monatliche Überweisung zu reduzieren. Für alles Weitere gilt: «Débrouillez-vous!» Auch darüber ist – aus sozialer Sicht – genauer nachzudenken. Wollen wir wirklich allen, ob gesund oder krank, vital oder schwach, gleich viel geben und sie damit sich selbst überlassen? Dass die Initianten neuestens davon sprechen, dass nun doch, wo notwendig, etwa eine IV-Rente ergänzend obendrauf käme, zeigt, dass sie dieses Argument ernst nehmen müssen. Damit aber stellen sie ihre Idee gleich selbst auf den Kopf: Das bedingungslose Grundeinkommen wird somit zur zusätzlichen Leistung im Sozialstaat – und macht dessen Finanzierung endgültig unmöglich. Denn wer noch vor den sozialen Auffangnetzen, die wir geschaffen haben, ein Grundeinkommen erhält, wird, je nach eigenen Ansprüchen, seine Erwerbsarbeit auf ein Minimum reduzieren oder ganz einstellen – mit Folgen für unsere Wirtschaftsleistung und den Staatshaushalt. Von nichts kommt nichts – diese Volksweisheit gilt auch für unseren Wohlstand. Er fällt nicht vom Himmel, schon gar nicht, wenn andere Länder und Gesellschaften den sozialen Aufstieg noch vor sich haben und nur darauf warten, uns ihre Leistungen anzubieten.

Noch eine Überlegung zum Schluss: Ist die Vorstellung, seine Existenz bedingungslos der Gesellschaft zu überantworten, mit einer Demokratie vereinbar? Lebt diese nicht gerade davon, dass jede und jeder die Verantwortung für sich selbst und eine Mitverantwortung fürs Ganze hat, das Recht, aber auch die Pflicht, einen Beitrag zum Gemeinwesen zu leisten, und sei dies auch nur die wohlüberlegte Stimmabgabe? Wir leben in einem Land, in dem man nicht von «denen in Bern» reden kann, ohne sich selbst an der Nase nehmen zu müssen. Dieses Prinzip sollten wir auch in sozialstaatlicher Hinsicht beherzigen: Wie es mir geht, hängt zwar nicht nur, aber sehr wohl auch von mir selbst ab. Das bedingungslose Grundeinkommen ist der Ausgangspunkt einer Gesellschaft, die sich nur noch über ihre Ansprüche definiert, die Leistungen, die hierfür erbracht werden müssen, jedoch hintanstellt oder einfach «den anderen» überlässt.

Westlicher Frühling
AZ Nordwestschweiz, 10. November 2011

Haben wir es bei der Occupy-Bewegung mit einem westlichen, einem amerikanisch-europäischen Frühling zu tun? Der Keimzelle eines neuen Wirtschaftssystems, gar einer neuen Gesellschaft? Da wir uns seit 2008 in einem Krisenmodus befinden und ein beträchtlicher Teil dieser Krise durch die Finanzmärkte mitverursacht oder weiter angetrieben wurde, ist es wenig erstaunlich, dass sich «die Masse erhebt». «Wir sind die 99 Prozent», lautet denn auch einer der Slogans der Bewegung, die sich von New York aus über den amerikanischen und europäischen Kontinent ausdehnt.

Dennoch: Rein zahlenmässig kann von 99 Prozent nicht die Rede sein – zu klein sind die Aufmärsche in den grossen Städten. Vielmehr macht sich eine kleine, äusserst kreative Minderheit bemerkbar. Der Grund dafür liegt auf der Hand: Es geht uns gut. Eine grosse Mehrheit profitiert nicht nur von der Marktwirtschaft – in Form von steigenden Löhnen, einer differenzierteren und nachgefragteren Ausbildung, grösseren Wohnungen und Gärten, individuellerem Lebensstil und nicht zuletzt höheren Sozialleistungen –, sondern weiss auch, dass dies nur in einer Marktwirtschaft zu haben ist. Und ich meine hiermit explizit eine regulierte und soziale Marktwirtschaft, die Märkte wo notwendig in Schranken weist und für einen gewissen sozialen Ausgleich sorgt. Das «andere System» hat, wie wir wissen, Schiffbruch erlitten, und auch ein «neues, alternatives System» muss eine Utopie bleiben.

Im Prinzip stammt das Objekt des Protests aus einer anderen Zeit. Eine fundamentale Systemkritik war im 19. Jahrhundert noch aktuell und richtig. Eine breite Arbeiterschaft litt unter der Härte des Manchester-Kapitalismus; eine kleine Gruppe von «Kapitalisten» profitierte übermässig (wenn auch die Industrialisierung die Verbreiterung des Wohlstands überhaupt erst eingeleitet hat). Zwar hat sich die viel gescholtene Schere zwischen Arm und Reich in den letzten Jahren global geöffnet, in der Schweiz jedoch einzig zwischen dem einen und den übrigen 99 Prozent. Ausserdem ist der allgemeine Lebensstandard stetig gewachsen. Weder lässt sich die Gesellschaft so genau in Gewinner und Verlierer auseinanderdividieren, noch kann man «das Finanzsystem» herauslösen aus unserem gesellschaftspolitischen Gesamtzusammenhang. Um nur ein Beispiel zu nennen: «Retten wir Menschen statt Banken», wie es die Occupy-Bewegung fordert, funktioniert so nicht. Oder sind diejenigen, die bei Banken oder ihren Zulieferern arbeiten, keine Menschen?

Genau diese Komplexität macht den Protest so schwierig. Ideen und Forderungen können zwar über Facebook, Twitter und Internet in Echtzeit über den Globus verbreitet werden, eine wirksame Umsetzung hingegen erfordert Einsatz, Zeit und Fleiss. Spontane Empörung kann nicht einfach in eine «Instant-Politik» übersetzt werden. Das haben auch die letzten grossen Bewegungen – die Grünen etwa – erfahren müssen: Ohne den «Marsch durch die Institutionen», ohne Realismus geht es nicht.

Und genau diese Institutionen haben wir in unseren Gesellschaften über die letzten Jahrhunderte geschaffen. Sie sind dem Grundsatz verpflichtet, das Bestmögliche für alle herauszuholen, ohne jedoch der Illusion zu erliegen, es allen recht machen zu können. In ausgeklügelten Systemen, die von integrierenden Willensbildungsprozessen über die Herbeiführung von legitimierten Mehrheitsentscheiden bis hin zur Delegation von Macht an Personen und Institutionen reichen, sind wir heute fähig, auch komplexe Fragen zu lösen. Nicht auf der Strasse, sondern weit weniger «hip» in Parlamenten und Büros. Seien wir froh, tragen wir die Kämpfe um Systemkorrekturen und Gerechtigkeit nicht mehr auf der Strasse, sondern an unseren Schreib- und Sitzungstischen aus – sei dies in den Amtsstuben von Bern, den Räumen des Financial Stability Board in Basel und anderer Institutionen in Genf und Washington.

Es hat gedauert, bis diese demokratischen Institutionen standen; und es dauert, bis sie im Einzelnen ihre Wirkung entfalten. Noch macht die Occupy-Bewegung nicht den Anschein, systematische Grundlagenarbeit zu leisten. Und genau daran wird sie scheitern.

Freiheit für alle – Verantwortung für alle anderen
Philosophischer Blog von Philosophie.ch, 21. November 2014

Die Idee des bedingungslosen Grundeinkommens ist verführerisch einfach: Jeder Staatsbürger, jede Staatsbürgerin erhält ab Geburt und unabhängig von Alter, Arbeit und Einkommen einen festen Betrag zur freien Verfügung. Die schweizerische Volksinitiative schlägt 2500 Franken monatlich vor, 635 Franken für Kinder. Zum Vergleich: Die Schweizerische Konferenz für Sozialhilfe veranschlagt (2013) als monatlichen Grundbedarf 896 Franken pro Person, wobei die Summe mit steigender Haushaltsgrösse sinkt. Ganz abgesehen von diesen Zahlen, die jeden, der auch nur halbwegs rechnen kann, ob der sorglosen Grosszügigkeit erschaudern lässt, unterminiert dieses Modell unsere Grundwerte der Gerechtigkeit, Freiheit und Verantwortung.

Gerechtigkeit kann heissen: «jedem das Seine» oder «jedem das Gleiche». Über diese Frage hat sich bereits Platon Gedanken gemacht. Aristoteles kam zu einer bis heute gültigen Unterscheidung zwischen der «austeilenden» und der «verteilenden» Gerechtigkeit. In beiden Fällen kommt zwar das Prinzip der Gleichheit zum Zug, aber in unterschiedlicher Weise. Die «austeilende Gerechtigkeit» orientiert sich am Prinzip der Gleichheit von Gabe und Gegengabe – wie bei einem Tausch oder einer Strafe. Die «verteilende Gerechtigkeit» strebt Proportionalität an. Zu verteilende Güter werden nach Massgabe des Verdienstes vergeben: Ehren, Ämter, Güter kommen jenen zu, die sie verdienen.

Das bedingungslose Grundeinkommen entspricht nun weder der einen noch der anderen Form der Gerechtigkeit. Es wäre entweder eine Gabe ohne Gegengabe – eine Leistung ohne Gegenleistung, ein Lohn ohne Arbeit. Oder es wäre eine irreführende Interpretation des Worts «Verdienst», denn der einzige Verdienst als «Bedingung» wäre die schlichte Existenz. Wer geboren wird, hat Anrecht auf ein bedingungsloses Grundeinkommen; wer Kinder in die Welt setzt, erhält noch mehr davon. Etwas konkreter auf unseren Sozialstaat bezogen, heisst das: Geld wird dem Einzelnen ausbezahlt, ohne dass seine Bedürftigkeit – wie jetzt bei der Sozialhilfe oder den Ergänzungsleistungen – überprüft wird. Damit verspricht das bedingungslose Grundeinkommen den Abbau sämtlicher anderer Sozialleistungen und der Sozialbürokratie. Unter dem Gesichtspunkt der Gerechtigkeit aber ist es äusserst fraglich, ob es gerecht ist, einem durch Invalidität Erwerbsunfähigen gleich viel zum Leben zu geben wie einem vitalen und gut ausgebildeten Menschen.

Freiheit ist ein hohes Gut. Sie ermöglicht dem Einzelnen, sein Leben nach seinen Vorstellungen zu leben. In unserer westlichen Gesellschaft haben wir nach Abschütteln mancher – insbesondere religiöser, aber auch gesellschaftlicher – Vorgaben einen hohen Grad an Freiheit erlangt. Die einzige Voraussetzung dafür ist die Fähigkeit, dies aus eigener Kraft zu tun. Dass nicht alle dieselbe Kraft besitzen, wissen wir. Aus dieser Einsicht ist unser Sozialstaat entstanden. Eine inzwischen beachtliche Vielfalt von Versicherungen und Bedarfsleitungen sichert nicht nur gegen Wechselfälle des Lebens ab, sondern ermöglicht auch soziale Teilhabe, unabhängig von der eigenen Fähigkeit, für sich zu sorgen. Das Prinzip, dass dieser Einsicht und damit auch dem Sozialstaat zugrunde liegt, heisst: keine Freiheit ohne Verantwortung. Wir sind frei, tragen aber die Verantwortung für uns selbst. Wo die Verantwortungsfähigkeit eines Einzelnen nachweislich an seine Grenzen stösst, springt der Staat – sprich: die Allgemeinheit – ein.

Das bedingungslose Grundeinkommen missachtet auch dieses Prinzip. Es sieht vor, dass der Einzelne Geld vom Staat erhält, ohne dass er jedwelche Vor- oder Gegenleistung erbracht hat oder je wird erbringen müssen. Damit verzichtet der Staat nicht nur auf die Festlegung, dass jeder alles in seiner Macht Stehende tun muss, um zunächst für sich selbst zu sorgen, bevor ihm die Allgemeinheit unter die Arme greift. Er verbaut sich auch die Möglichkeit, Einzelne zur Rechenschaft zu ziehen. Wir alle können uns somit nicht mehr vor der Ausbeutung derjenigen schützen, die nicht selbst für sich sorgen wollen, selbst wenn sie es denn könnten. Ein bedingungsloses Grundeinkommen bedeutet nichts mehr und nichts weniger als: Freiheit für alle – Verantwortung für alle anderen. Das kann nicht aufgehen. Man kann es drehen und wenden, wie man will. Das bedingungslose Grundeinkommen ist eine Idee, die nicht nur an der Realität der Gesellschaft und des Menschen vorbeizielt, sondern auch an unseren Grundfesten rüttelt.

Kontrastprogramm
AZ Nordwestschweiz, 11. November 2016

Wer sich nach einer Verschnaufpause in Sachen Migration, Gewalt, Krieg, Terrorismus, Verzweiflung – oder der neuen US-Präsidentschaft – sehnt, darf sich gerne einmal beim wissenschaftlichen und unternehmerischen Nachwuchs umsehen: Dieser steht für Pluralität, Lösungsorientierung, Ehrgeiz, Arbeitseinsatz, Zielstrebigkeit und Zuversicht. An den verschiedenen Foren, die es gibt – ob «Venture Kick» in der Schweiz oder «Falling Walls» in Berlin –, präsentieren Jugendliche, die sich der Forschung und Innovation verschrieben haben, Projekte und Ideen, mit denen sie die Welt verändern wollen. Ihre Ziele stecken sie hoch; unter dem Maximum geht gar nichts.

«You have three minutes to change the world», lautet die ernst gemeinte Anweisung für die Kurzpräsentationen: nicht nur metaphorisch, sondern ganz praktisch. Die Präsentationen dürfen – der Countdown zählt sichtbar mit – genau zwei Minuten und 30 Sekunden dauern, ehe, für genau 30 Sekunden, Fragen erlaubt sind. Zum Ende der Präsentation klingelt abwechslungsweise ein Wecker oder eine Veloklingel, es kräht ein Hahn oder ein Mann räuspert sich – digital natürlich.

Was daran besonders gefällt: Diese Veranstaltungen gehören zu den wenigen, in denen sich die Gesellschaft in ihrer ganzen Pluralität präsentiert: Es sprechen Jugendliche aus allen Teilen der Welt, und – ein wahrlich seltener Anblick bei öffentlichen Topveranstaltungen – Frauen und Männer halten sich die Waage.

Was daran amüsiert und überzeugt: Der «elevator pitch» scheint eine Kernkompetenz der nachkommenden Generation zu sein. Sie perfektioniert die Fähigkeit, die eigene Idee und das darauf beruhende Projekt innerhalb der Dauer einer Liftfahrt nicht nur zu erklären, sondern am besten auch gleich zu «verkaufen». Dass dies geübt sein will, beweisen die professionell aufbereiteten Präsentationen und wohl einstudierten Sätze. Wer das Wichtigste nicht in drei Minuten «rüberbringen» kann, hat verloren.

Ob es um günstigere und breiter zugängliche medizinische Versorgung bei sehr spezifischen Organversagen etwa durch

Prothesen, die aus dem 3-D-Drucker kommen, geht, bessere Strassenbeleuchtung durch die gezielte Züchtung einer bestimmten Kombination von Pflanzen und einer Art Glühwurm oder um die Prävention gegen eine Infektion durch die Anwendung von einfacher Limettenessenz: Die jungen Forscherinnen und Forscher sprühen vor Energie; die Ideen scheinen ihnen nicht auszugehen.

Kontrastprogramm ist diese Umgebung nicht nur in Sachen Zuversicht und Lösungsorientierung, sondern auch im Ansatz, der verfolgt wird. Die Kürze und Diversität der Präsentationen stehen nämlich in ausnehmendem Kontrast zur steigenden Komplexität der Probleme, vor denen wir als Gesellschaften in den verschiedenen Kontinenten stehen. Ganz im Gegensatz zur ganzheitlichen Sichtweise, die jahrelang gepredigt wurde, wird hier nach dem konkreten Problem und der konkreten Lösung gesucht – und auf den Markt gesetzt. Diese Jugendlichen suchen sich ein spezifisches Problem aus, studieren dieses sehr genau und suchen schliesslich die Lösung dafür. Die technologische Entwicklung und der Austausch mit ihren Peers über den ganzen Globus kommt dieser Generation ebenso zupass wie die spürbare Bereitschaft, über die Grenzen der eigenen Disziplin zu blicken, die eigene Kultur zu verlassen und sich von den eigenen ersten Ideen und Ansätzen auch wieder zu lösen. Möglicherweise liegt genau darin die Chance für zahlreiche Veränderungen: Statt grossangelegter staatlicher Programme wird uns die addierte und kumulierte Anstrengung phantasievoller und pragmatischer Jungunternehmerinnen und Jungunternehmer voranbringen.

Eines aber wird in dieser Umgebung besonders deutlich: Ohne internationalen Austausch geht in der Forschung nichts – nur schon deshalb, weil es für die Forschenden schlicht uninteressant ist, nur unter ihresgleichen zu bleiben. Auch das darf sich die Schweiz merken: Als Nation, die auf nichts mehr angewiesen ist als auf «brain», wäre eine Abkopplung von der internationalen Forschungscommunity fatal. Und um noch einen Seitenblick auf die Breaking News aus den USA zu werfen: Ein wie auch immer gearteter (Forschungs-)Nationalismus würde die Welt, und jedes Land, das auf ihn setzt, zurückwerfen.

Gewalt statt Diskurs
AZ Nordwestschweiz, 20. Juli 2017

Waffen statt Worte – auf diesen Nenner lassen sich die Krawalle anlässlich des G20-Gipfels in Hamburg bringen. «Krawallprofis» und «Krawalltouristen» schlugen kurz und klein, was ihnen unter die Hände kam. Mit Molotow-Cocktails und Präzisionsschleudern ausgerüstet, nahmen sie auch Menschenleben in Kauf.

Nach dieser Gewaltorgie dreht sich die politische Aufarbeitung primär um die Frage, ob es sich bei den Gewalttätigen in Hamburg um «politisch motivierte» Widerständler handelte oder lediglich um dumpfe Chaoten. Die Frage ist deshalb interessant, weil im gängigen gesellschaftspolitischen Diskurs rechte Gewalt gemeinhin verurteilt, der linken hingegen ein Engagement «für eine bessere Welt» zugestanden wird; ihre Gewalt ist also entschuldbar. In Hamburg aber ging sie zu weit. Deshalb wäre es den Linken noch so recht, sie könnten alles auf Chaoten jedweder Couleur abschieben – am Schluss mischten sich ja offenbar auch noch Neonazis unter die Randalierer. Im Übrigen ist die Gewalt, dies die übliche Erklärung, ohnehin jeweils der Provokation durch die Polizei geschuldet. Damit aber machen es sich die Linken zu einfach. Nicht zuletzt werden sie von ihrer eigenen Klientel torpediert, wenn deren Blogs von «linker Praxis» sprechen.

Die Linken selbst sahen den gewalttätigen Protest schon immer als Mittel, ihren Anliegen Gehör zu verschaffen. Seit der Französischen Revolution ist die Strasse der Ort, wo Politik gemacht werden muss, im Notfall mit Gewalt. Damals hatte sie das Feudalsystem hinweggefegt, heute gilt es, den Kapitalismus zu überwinden – und mit ihm alles, was «das System» ausmacht: die Wirtschaft, der Staat, die Ordnung, die Sicherheit. Denn all dies, so die Überzeugung, ist Ausdruck des derzeit dominanten Herrschaftssystems, das die Schuld am Elend der Welt trägt: an Ausbeutung, Unterdrückung und Krieg als Folge von Produktion, Handel und Konsum und damit einhergehend «Entfremdung», Unzufriedenheit, Stress. Ohne dieses «System», so die Logik, wären wir glücklich – mehr noch: alle gleich glücklich. Immerhin darf dieses Glück in den sogenannten autonomen Arealen ausprobiert werden (wobei «autonom» ja eine niedliche Übertreibung ist, denn ohne «System» hätten auch die Autonomen weder Nahrung noch Kleidung, Gesundheit, Mobilität oder Kommunikationstechnologie).

Der Soziologe und Systemtheoretiker Niklas Luhmann beschrieb die Welt als Nebeneinander von gesellschaftlichen «Teilsystemen», die sich über Kommunikation austauschen. Kennzeichnend für jedes Teilsystem ist ein zentrales Medium, mit dem es sich selbst weiter ausdifferenziert: In der Wirtschaft ist es der Preis, in der Politik die legitime Macht bzw. in der Demokratie – etwas subtiler – der Diskurs, im Krieg ist es die Waffe. Nun geraten in solchen Gewaltausbrüchen zwei Teilsysteme aneinander: der Krieg und die Demokratie, die Waffe und der Diskurs.

Immerhin kann, ja muss der Staat in solchen Momenten auf eines seiner zentralen Elemente, auf das Gewaltmonopol, zurückgreifen, um die Sicherheit der eigenen Bürger zu garantieren. Aus der Warte einer unbeteiligten Bürgerin ist es deshalb einerlei, ob es sich um linke, rechte oder politisch unmotivierte Gewalt handelt: Sie will vom Staat davor geschützt werden, ob als Passantin, Ladenbesitzerin oder Frau eines Polizisten. Genau dieses Gewaltmonopol wird denn auch von den Revolutionären bewusst provoziert. Wie weit aber darf diese Provokation gehen? Jedenfalls zeugen Munitionslager, Zeltlager, Mitstreiter aus dem Ausland und Rucksäcke mit Wechselkleidung von einem ansehnlichen Organisationsgrad.

Die Demokratie lebt davon, dass der Kampf um Wahrheit nicht mit Waffen, sondern mit Worten ausgefochten wird. Wer stets die Revolution propagiert und in Kauf nimmt, dass ein Stadtteil zur «Hölle» erklärt wird, spielt buchstäblich mit dem Feuer. Wer immer noch der Anweisung des Kommunistischen Manifests folgt – dem «versteckten Bürgerkrieg innerhalb der bestehenden Gesellschaft bis zu dem Punkt, wo er in eine offene Revolution ausbricht» –, stellt die Demokratie infrage. Umgekehrt muss die Demokratie unmissverständlich klarstellen, dass ein Protest in Worten willkommen ist, mit Waffen jedoch nicht toleriert wird, und zwar unabhängig davon, ob er von rechts oder von links kommt.

V.
Das andere Ende der Geschichte?

Demografie als Argument
AZ Nordwestschweiz, 21. März 2012

Grosse Umwälzungen in der Geschichte werden nicht zu Unrecht auf demografische Faktoren zurückgeführt. So wird der Aufstieg Asiens auch mit der schrumpfenden und alternden Gesellschaft im Westen erklärt. Die verbreitete Angst vor dem Islam wird mitunter durch dessen Kinderreichtum begründet. Zur Debatte steht gar, ob die muslimische Welt überhaupt in die Moderne eintritt oder nicht. Aus Sicht der Demografie scheint der Fall klar: Ein Rückgang der Geburtenrate ist – zusammen mit der Alphabetisierung – ein klares Indiz dafür.

Die Studie *Population Dynamics in Muslim Countries* (Hrsg. Hans Groth, Alfonso Sousa-Poza, Berlin 2012) gibt einen Überblick über die demografische Entwicklung in den muslimischen Ländern seit den 1970er-Jahren. Untersucht werden 49 Länder mit einem muslimischen Bevölkerungsanteil von mindestens 50 Prozent – eine Population, die heute rund 1,5 Milliarden Menschen umfasst und bis 2030 die 2-Milliarden-Grenze erreichen soll. Das Ergebnis erstaunt, denn es untergräbt das weitverbreitete Vorurteil des «ungehemmten» Bevölkerungswachstums drastisch. Zunächst stellen die Autoren einen überdurchschnittlichen Rückgang der Geburtenrate seit 1975 fest, nämlich um 2,6 Kinder pro Frau – der Rückgang in der Weltbevölkerung insgesamt und in den Entwicklungsländern lag im selben Zeitraum bei nur −1,3 beziehungsweise −2,2 Kinder pro Frau. Am deutlichsten und in der Geschichte einzigartig ist der Geburtenrückgang im Iran, wo die statistische Reproduktionsrate von 2,1 Kindern pro Frau schon im Jahr 2000 nicht mehr erreicht wurde. Teheran weist gar eine Geburtenrate auf, die unter dem EU-Durchschnitt liegt.

Nicht ausgeklammert wird in diesem Band freilich die Situation der Frauen. Ihr Zugang zu höherer Bildung (und zu Verhütungsmitteln) hat sich signifikant verbessert – mit den bekannten Folgen, dass sie später heiraten, weniger Kinder bekommen und überhaupt zunehmend selbst bestimmen, wie sie leben und wie viele Kinder sie haben wollen. Ausserdem ist der Zusammenhang zwischen demografischer Entwicklung und Religion weniger eindeutig als erwartet; ausschlaggebender ist das Stadt-Land-Gefälle.

Vor allem aber dokumentieren die Untersuchungen eine Pluralität, die jenen anderer Weltgegenden in nichts nachsteht. Als illustrative Pointe gleichsam werden die Geburtenraten der 49 muslimischen Länder und jene der 50 amerikanischen Gliedstaaten übereinandergelegt: mit dem verblüffenden Effekt, dass sich überhaupt kein Muster abzeichnet. Im Mittelfeld befinden sich etwa North Dakota und Washington DC zusammen mit Brunei, der Türkei und Aserbeidschan; die höchsten Geburtenraten weisen Malaysia, Kirgistan und der von Mormonen beherrschte Bundesstaat Utah auf; die niedrigsten Geburtenraten verzeichnen Albanien, Vermont, Delaware sowie mit etwas Abstand der Iran, die Vereinigten Arabischen Emirate und der Libanon. Anders gesagt: Insgesamt zeichnet sich über die 49 muslimischen Länder ein Bild der demografischen Normalität. Die Entwicklung dorthin geschah überdies in einem historisch unvergleichlich hohen Tempo, und – das ist die vielleicht erstaunlichste Komponente – ausschlaggebender als die üblichen Faktoren Urbanisierung und steigendes Einkommen scheint die weibliche Selbstbestimmung zu sein.

Diese positive Entwicklung täuscht jedoch nicht darüber hinweg, dass die wirtschaftliche Prosperität das Hauptproblem dieser Regionen bleibt. Eine im Band zitierte Studie der Weltbank schätzt gar, dass bis zum Jahr 2020 rund 5 bis 70 Millionen Jobs geschaffen werden müssen, um den steigenden Anteil der ausgebildeten und arbeitsfähigen Bevölkerung zu absorbieren. Über die Marktöffnung und ein stabiles Regelwerk hinaus braucht es also Projekte und Investitionen, die Wachstum generieren und den Strukturwandel vorantreiben. An unternehmerischem Potenzial zumindest dürfte es nicht mangeln. Während sich also familienpolitische Herausforderungen, allen voran die Geburtenkontrolle, mit geringer Unterstützung durch die Politik gleichsam von selbst erledigt haben, ist die Wirtschaftspolitik nun umso mehr gefordert. Für den französischen Demografen Emmanuel Todd ist das alles nur eine Frage der Zeit: Auf die Alphabetisierung folgt der Geburtenrückgang, der wirtschaftliche Aufschwung und eine politische Demokratisierung. Er bekäme nicht zum ersten Mal recht.

Toleranz und Intoleranz
AZ Nordwestschweiz, 5. Februar 2015

Sollen wir etwa Intoleranz mit Intoleranz bekämpfen? Diese Frage war in den letzten Wochen im Nachgang zu den Anschlägen auf die Redaktion des französischen Satireblatts *Charlie Hebdo* mehrfach zu hören. Ein vorwurfsvoller Unterton wäre indes falsch gewählt. Toleranz gehört unbestritten zu den Kernpostulaten moderner Gesellschaft. Dennoch ist Intoleranz nicht generell als moralisch verwerflich zu verurteilen, sofern sie begründet ist und im rechtlichen Rahmen geschieht. Konkret nämlich stellt sich die Frage, wann und bis wohin Toleranz zu üben ist und wann Intoleranz angezeigt sein kann. Im Fall des Terroranschlags in Paris und aller weiteren vereitelten und geplanten Anschläge lautet die Antwort auf die eingangs gestellte Frage klar: Ja.

Der wichtigste Punkt im Ringen um Toleranz ist nämlich die Festlegung ihrer Grenze. Die Forderung nach Toleranz oder gar *mehr* Toleranz macht nur Sinn, wenn klar ist, wem oder was gegenüber Toleranz zu üben ist und bis wohin diese reicht. Nur dann ist es möglich, Toleranz zu üben. Denn Toleranz tut weh. Sie ist schwierig, anstrengend, und sie kostet zuweilen echte Überwindung. Wir entscheiden uns zwar aus guten Gründen, aber entgegen unserer Neigung, etwas zu tolerieren, was wir eigentlich ablehnen. Damit unterscheidet sich Toleranz denn auch klar von der Akzeptanz: Was wir akzeptieren oder akzeptieren gelernt haben, fällt uns nicht mehr schwer, fordert uns nicht mehr heraus. Es gehört zu uns. Toleranz ist somit das schwierige Feld zwischen Akzeptanz und den Grenzen der Toleranz.

Dass beispielsweise junge Frauen ein Kopftuch tragen, gehört inzwischen auch zu unserem Alltag. Sofern sie nicht dazu gezwungen werden (was allerdings schwer überprüfbar ist) und damit gegen unsere Vorstellungen von der Gleichberechtigung der Geschlechter in Ehe, Familie und Öffentlichkeit verstossen und sich möglicherweise den Weg zu einer schulischen und beruflichen Laufbahn verbauen, mag uns das Kopftuch zwar stören, aber wir haben es zu tolerieren.

Die Geschichte der Toleranz ist eine blutige. Und sie zeigt

eindrücklich auf, wo jeweils die Grenze der Toleranz gegenüber Anders- und Ungläubigen erreicht war. Die Forderung nach Religionsfreiheit wurde mit der Reformation akut – und mündete im Dreissigjährigen Krieg. Ein erster Akt der Toleranz war es, andersgläubige Gemeinschaften nicht mehr zu verfolgen, sondern ihre Praxis zu billigen – sofern sie den Frieden und die Sicherheit im Land nicht gefährdeten. Später wurde die Autonomie des Einzelnen in religiösen Fragen, seine Gewissensfreiheit, gefordert. Diese Auseinandersetzung führte schliesslich zur bis heute für uns gültigen und bewährten Trennung von Kirche und Staat. Dazu gehört die freiwillige Zugehörigkeit zu einer Religionsgemeinschaft ebenso wie die Loslösung politischer Rechte vom religiösen Bekenntnis. Auch hier verlief die Grenze der Toleranz gegenüber Anders- oder Nichtgläubigen und ihren Praktiken seit je entlang der Interessen der Gesellschaft: Eine Gefährdung des sozialen Friedens oder gar Gewalt wurden nicht toleriert.

Damit wird auch klar, wie auf Menschen zu reagieren ist, die sich den fanatischen Bewegungen des Islam anschliessen, dafür Propaganda machen oder deren Taten auf welche Weise auch immer relativieren oder entschuldigen. Dies ist nicht zu tolerieren. Wer tötet, zum Töten aufruft oder das Töten relativiert, gefährdet unseren Frieden und unsere Sicherheit und überschreitet damit die Grenze des Tolerierbaren. Und zwar unabhängig davon, in wessen Namen er oder sie dies tut.

Anhand dieses mit wenigen Strichen gezeichneten Konzepts der Toleranz sollte ersichtlich geworden sein, dass es nicht darum geht, «den Islam» oder «die Muslime» bei uns zu tolerieren oder nicht. Vielmehr geht es darum, Handlungen, die gegen das Gesetz verstossen, die individuelle Freiheit, den sozialen Frieden oder die allgemeine Sicherheit gefährden, in aller Schärfe zu verurteilen – letztlich unabhängig davon, ob sie auf Fanatismus, egal welcher Richtung, gründen oder nicht. Solche Handlungen sind nicht zu tolerieren. Sie sind im Rahmen unserer rechtsstaatlichen Mittel zu verurteilen und zu verfolgen. Intoleranz gegenüber Intoleranz bedeutet in diesem Fall somit schlicht das Bekämpfen von Verstössen gegen die Sicherheit, die Ordnung und die Menschenrechte.

Migration nüchtern diskutieren
AZ Nordwestschweiz, 12. November 2015

Wie auf die Migration reagieren? In kaum einem Gespräch, ob im beruflichen Umfeld oder privaten Kreis, kommt dieses Thema derzeit nicht zur Sprache. Wer wissen möchte, wie er das, was geschieht, einordnen soll, dem sei die Lektüre von Paul Colliers Buch *Exodus: Warum wir Einwanderung neu regeln müssen* (München 2014) empfohlen. Der renommierte Entwicklungsökonom aus Oxford, selbst ein Nachkomme von Einwanderern, war Forschungschef der Weltbank und hat sich intensiv mit den ökonomischen Bedingungen der «untersten Milliarde» beschäftigt. Auf diesem Fundament wagte er sich an das heikle Thema und legte dieses solide und äusserst lesenswerte Buch vor. Es hilft nicht nur, die derzeitigen Geschehnisse nachzuvollziehen, sondern auch die eigene Reaktion darauf in klarem Licht zu sehen.

Gleich zu Beginn macht Collier klar: Erstens ist Migration kein ökonomisches, sondern ein soziales Phänomen, weil die sozialen Folgen grösser sind als die ökonomischen. Zweitens sind weder totale Abschottung noch grenzenlose Aufnahme und Hilfe das richtige Rezept. Und drittens ist Migration nicht gut oder schlecht; vielmehr geht es um das Wieviel. Eine faktenbasierte Migrationspolitik sei daher wichtiger denn je.

Collier betrachtet die Migration aus drei Blickwinkeln: aus dem der Aufnahmeländer, dem der Herkunftsländer und dem der Migranten selbst. Die Aufnahmeländer sind – und das macht sie ja gerade attraktiv – wohlhabend und prosperierend. Der Grund für diese Prosperität liegt, das haben andere Studien ausführlich dargelegt, primär in den sozialen und politischen Institutionen, die sie über Generationen geschaffen haben. Dazu zählen Vertrauen und Kooperation, beispielsweise im geschäftlichen Austausch, gemeinsame moralische Standards, vom täglichen Umgang bis zur Arbeitsmoral, oder auch die Bereitschaft, darauf basierend eine gewisse Umverteilung zu leisten. Jede Migration schafft Auslandsgemeinden. Entscheidend ist nun, wie viele Migrantinnen und Migranten in welchem Zeitraum in die Mehrheitsgesellschaft dieser Länder integriert werden können. Geschieht dies in ungenügendem Masse, wächst die Auslandsgemeinde – und zieht damit noch weitere Migranten an, was die Integration noch einmal erschwert. Das Resultat sind separierte Gesellschaften, in denen gemeinsame Standards immer schwieriger durchzusetzen sind.

Für die Migranten selbst ist die Kluft zwischen ihren Einkommensmöglichkeiten zu Hause und im Zielland der wichtigste Grund für den Aufbruch in ein anderes Land. Hinzu kommen Kriege und andere Konflikte, die ein friedliches Zusammenleben unmöglich machen. Die Herkunftsländer ihrerseits leiden unter dieser Abwanderung, weil meist die Besten gehen. Sie fehlen im Herkunftsland für den Aufbau nicht nur der Wirtschaft, sondern auch eines funktionierenden Sozialmodells – also dessen, was in den Aufnahmeländern funktioniert. Auf sehr lange Sicht kann es möglich sein, die Einkommenskluft zu überwinden. Da jedoch nur wenige der Auswanderer in ihr Herkunftsland zurückgehen, wird diese Kluft auf absehbare Zeit bestehen bleiben.

Letztlich setzt Collier auf eine kluge Kombination von Legalisierung, Auswahl, Integration und Obergrenze, wobei er eine Einwanderung in den Arbeitsmarkt – wie sie beispielsweise die Personenfreizügigkeit innerhalb der Europäischen Union vorsieht – und auch eine Migration zu Bildungszwecken ausdrücklich begrüsst. Hingegen muss das Nachzugsrecht, so heikel diese Frage selbst für Collier ist, zumindest differenziert werden – auch, um den Migranten Anreize zu geben, in ihr Herkunftsland zurückzukehren und ihr Einkommen und Wissen dort zu investieren.

Collier selbst bedauert, dass sich sein eigentlich nüchternes Buch für Polarisierung und Moralisierung eignet. Dennoch lautet seine eindringliche Empfehlung: Weder die totale Abschottung noch die grenzenlose Aufnahme sind ein Rezept für die Bewältigung der Herausforderung. Stattdessen gilt es, auf der Basis von Fakten eine nüchterne Beurteilung vorzunehmen und eine glaubwürdige Migrationspolitik einzuleiten. Angesichts der gegenwärtigen Situation bedarf es ebenso klugen wie entschiedenen und vor allem auch koordinierten Handelns zwischen nationaler, europäischer und internationaler Ebene.

Auf die Urteilsfähigkeit!
AZ Nordwestschweiz, 7. Januar 2016

Die Welt ist in den letzten Jahren nicht gerade übersichtlicher geworden. Im Gegenteil: Konfliktherde haben weltweit zugenommen, und ihre Täter wie Opfer, die nicht mehr nur Staaten, sondern religiöse, ethnische oder soziale Gruppen oder auch nur Teile davon sind – entziehen sich oft einer eindeutigen Zuordnung. Umso mehr stellt sich die alte, auch philosophische Frage: Was kann ich wissen? Und das heisst heute auch: Welche Informationen sind korrekt?

Schon die sogenannten prorussischen Separatisten machten mich stutzig. Sollten unzufriedene Bürgerinnen und Bürger tatsächlich derart schlagkräftig und gezielt vorgehen können? Dass sie, wie man lesen konnte, logistisch, waffentechnisch und mit russischen Soldaten «auf Urlaub» unterstützt würden, musste zumindest skeptisch stimmen. Die anschliessend vernehmbaren «Putin-Versteher» machten ebenso nachdenklich – bis ich von den Heerscharen von Bloggern las, deren Aufgabe es offenbar ist, interessierte Kreise mit entsprechenden «Informationen» und «Hintergründen» zu versorgen. Dass antiamerikanisch Gesinnte auch heute kaum zur Kenntnis nehmen, dass auch die Amerikaner den IS bekämpfen – indem sie beispielsweise die aus Kurden, Arabern und Christen bestehenden demokratischen Kräfte Syriens mit Erfolg unterstützen –, überrascht demnach kaum mehr.

Dass die IS-Kämpfer und Terroristen vor allem aus prekären Lebensverhältnissen stammen würden – womit wir uns mangelnde Integrationsbereitschaft vorwerfen sollten –, sorgte bei mir für weitere Irritation. Denn bereits von den Attentätern des 11. Septembers wusste man, dass sie vornehmlich aus Mittelklassefamilien stammten und in Europa studieren konnten. In Frankreich weiss man heute, dass die Islamisten im eigenen Land nur zu 16 Prozent aus der Unterschicht kommen; 17 Prozent entstammen gar der Oberschicht, der Rest der Mittelschicht.

Was die Flüchtlingsströme Europa bringen, ist ein weiterer Gegenstand hitziger Debatten. Der Satz «Alle Flüchtlinge sind potenzielle Terroristen» ist genauso wenig wahr wie «Unter den

Flüchtlingen hat es keine Terroristen». Dass ein waches Auge aber in jedem Fall sinnvoll ist, zeigt die Geschichte des ehemaligen, langjährigen Bürgermeisters des berüchtigten belgischen Molenbeek. Von ihm wird berichtet, er habe selbst in straffälligen Zuwanderern das «Lumpenproletariat» gesehen, das es folglich zu unterstützen galt.

Schliesslich bin ich unsicher, ob mehr Überwachung und Kontrolle einfach reflexhaft mit dem Verweis auf unsere freiheitliche Gesellschaft abgelehnt werden kann. Die Hinweise auf geplante Anschläge in München kamen (nicht zum ersten Mal) aus den USA und Frankreich – weshalb man sich in Deutschland nun zu Recht fragt, ob man nicht selbst besser gewappnet sein müsste. Wichtig ist, dass das Mass des Staatsschutzes demokratischer Kontrolle unterliegt und damit sowohl hoch- als auch runtergefahren werden kann.

Die Liste liesse sich verlängern. Auf diese Komplexität in der Welt trifft nun die Unübersichtlichkeit der Informationen. Deren Zufuhr und Verfügbarkeit steigen exponentiell – und mit ihr die Unklarheit über deren Absender. Im Internet kann jeder posten und publizieren, was ihm auf die Seele drückt: Lust und Frust, Frieden und Hass, Utopie und Ideologie, Information und Desinformation.

Angesichts dieser zunehmenden Unübersichtlichkeit ist eine Fähigkeit wieder ganz besonders notwendig: die Urteilsfähigkeit. Der deutsche Aufklärer Immanuel Kant hatte vor rund 200 Jahren eingehend studiert, wie der Mensch die Welt betrachtet. Er kam zum – damals ebenso revolutionären wie unerhörten – Schluss, dass wir in der Welt nur sehen, was wir auch denken können. Für ihn war klar, «dass wir nämlich von den Dingen nur das ... erkennen, was wir selbst in sie legen». Deshalb war es für Kant umso wichtiger, dass wir auch über das, was wir oder andere sehen und denken, urteilen. Ganz im Sinn der Aufklärung sollten wir stets unseren eigenen Verstand gebrauchen, statt einfach anderen zu glauben.

So beunruhigend, ja besorgniserregend die Aussichten in der Welt und die Informationen darüber auch sind: Sich im kritischen Urteil zu üben, hat eine neue Dringlichkeit erhalten.

Für eine Ethik der Verantwortung
AZ Nordwestschweiz, 13. Mai 2016

Am Montag dieser Woche feierte die Europäische Union den traditionellen Europatag – im Gedenken daran, dass Europa in Frieden und Einheit lebt. Dass die Festlaune nicht ganz so ausgelassen war, liegt auf der Hand.

Mit Blick auf die Migrationskrise stand eine Frage im Raum: Kann Europa seine humanitäre Selbstverpflichtung aufrechterhalten – oder muss es bisher hochgehaltene Werte preisgeben? Gemäss eigener Darstellung ist eines der Hauptziele der EU, Menschenrechte sowohl innerhalb ihrer Grenzen als auch weltweit zu fördern. Menschenwürde, Freiheit, Demokratie, Gleichheit, Rechtsstaatlichkeit und die Wahrung der Menschenrechte sind die Grundwerte der EU (und im Übrigen auch der Schweiz).

Tatsächlich ist Europa angesichts dieser Deklaration in der Migrationskrise gefordert. Die von der deutschen Bundeskanzlerin geforderte Willkommenskultur provoziert letztlich die Frage, ob Europa alle, manche oder gar keine Flüchtlinge aufnehmen soll. Die Forderungen und Vorschläge reichen von sicheren und legalen Routen über strengere Kontrollen und Obergrenzen bis hin zu Grenzschliessungen. Gänzliche Öffnung und volle Aufnahme hier, radikale Abschottung dort.

Ganz abgesehen davon, dass sich diese Frage nicht mit entweder/oder beantworten lässt, bedarf es ein paar grundlegender Überlegungen. Max Weber formulierte anlässlich eines Referats im Jahr 1919 unter dem Titel *Politik als Beruf* – ein noch heute lesenswertes Dokument – drei Eigenschaften, die ein Politiker unbedingt haben muss, um seiner Aufgabe gerecht werden zu können: Leidenschaft für die Sache, Verantwortungsgefühl und Augenmass. Entsprechend ist Distanzlosigkeit die Todsünde jedes Politikers. Und Eitelkeit die Todfeindin aller sachlichen Politik. Während der Machtinstinkt zu den normalen Qualitäten gehört, ist Verantwortungslosigkeit der grösste Fehler, den Politiker oder auch Parteien machen können.

Um diese hohe Anforderung an das Verantwortungsverständnis besser zu fassen, unterscheidet Weber strikt zwischen zwei

Formen der Verantwortung: einer «verantwortungsethischen» und einer «gesinnungsethischen» Maxime – um sogleich anzumerken, dass Gesinnungsethik nicht Verantwortungslosigkeit bedeute und Verantwortungsethik nicht Gesinnungslosigkeit.

Entscheidend sei vielmehr, ob ein Politiker bereit sei, auch für die Folgen seiner Handlung Verantwortung zu übernehmen – was natürlich bedingt, dass er die Folgen seiner Handlung abzuschätzen versucht. Ein Politiker, der das tut – will heissen: die Folgen bedenkt und dafür die Verantwortung übernimmt –, handelt verantwortungsethisch. Anders der Gesinnungsethiker. Er handelt in edler Absicht und meint es vor allem gut. Er verpflichtet sich der «Bergpredigt», wie Weber ausführt. Sollte es nicht gut herauskommen mit seinen Taten, wird er für deren Folgen «die Welt», «die Dummheit der anderen Menschen» oder Gott verantwortlich machen, der es so wollte. Letztlich erträgt der Gesinnungsethiker die «ethische Irrationalität der Welt» nicht. Der Verantwortungsethiker hingegen rechnet «mit ebenjenen durchschnittlichen Defekten der Menschen». Und er weiss, dass es zur Erreichung «guter» Zwecke zuweilen auch Mittel braucht, die sittlich bedenklich oder zumindest gefährlich sind.

Selbst wenn diese Idealtypen überspitzt sind – auch für Max Weber sind Gesinnungs- und Verantwortungsethik nicht absolute Gegensätze, sondern Ergänzungen –, liefern sie eine mögliche Richtschnur: Es gilt abzuwägen zwischen dem absoluten Hochhalten europäischer Werte, unter weitgehender Ausblendung möglicher Folgen für die Staaten und Gesellschaften auf der einen Seite, und der Überlegung, in welchem Mass Europa die Migration «auf sich» laden kann und damit vielleicht auch falsche Hoffnungen weckt. Voraussichtlich aber lässt sich die Migrationskrise nicht lösen, ohne darüber hinaus eine breite internationale Diskussion darüber zu führen, ob die rechtlichen Grundlagen, die auf die Erfahrungen im Zweiten Weltkrieg zurückgehen, mit Blick auf die globale Migrationsbewegung noch die richtigen sind – wobei auch hier Max Webers Ethik ein Kompass sein kann.

Postnationale Politik?
AZ Nordwestschweiz, 16. März 2017

Vor bald 20 Jahren verfasste Habermas einen viel beachteten Aufsatz über die «postnationale Konstellation». Er fiel mir ein, als ich letzten Samstag die Schlagzeilen der Inland(!)seite dieser Zeitung las: «Öcalans Neffe blitzt ab», «Türkin darf nicht an Hochzeit reisen» und «Aargauer verhindern Erdogan-Show» – ein kleiner Ausschnitt der schweizerischen Innenpolitik. Türkische Innenpolitik findet derzeit vor allem im Ausland statt: in Deutschland, in den Niederlanden, in der Schweiz. Mit Vehemenz und Klarheit zugleich wehren sich diese Länder dagegen, dass innertürkische Konflikte bei ihnen ausgetragen werden. Die sicherheitspolitischen Bedenken sind begründet. Wie aber steht es um die demokratiepolitischen Aspekte?

Mit Blick auf die primär wirtschaftsgetriebene Globalisierung fragte Habermas damals, wie nationalstaatlich verfasste Demokratien darauf reagieren können. Das Spannungsfeld zwischen «Nation» und «Staat», zwischen der «imaginären Einheit» eines Volks, das sich auf eine gemeinsame Geschichte, Landschaft, Kultur, Sprache oder eine Kombination derselben stützt, und den politischen Institutionen, die eine freie Meinungs- und Willensbildung sicherstellen und die staatliche Ordnung damit überhaupt erst legitimieren, war ihm durchaus bewusst. Weil diese «imaginäre Einheit» im Zug der Durchmischung der Gesellschaften bedroht würde, hoffte Habermas auf einen «Verfassungspatriotismus»: die Aufhebung des nationalen Zusammengehörigkeitsgefühls im Recht auf politische Mitbestimmung. Er setzte dabei auf einen deliberativen Meinungs- und Willensprozess – einfacher gesagt: auf den vernünftigen, ehrlichen und offenen Diskurs. Gerade weil sich im Nationalstaat eine urwüchsige kollektive Identität mobilisieren lässt – die heutigen Populisten demonstrieren das deutlich –, hielt Habermas eine informierte Öffentlichkeit, nicht nur auf nationaler, sondern eben auch europäischer Ebene, hergestellt durch kritische und verantwortungsvolle Medien, für entscheidend. Sollte dies nicht gelingen, würde, so Habermas, die staatsbürgerliche Solidarität auf eine harte Probe gestellt.

Inzwischen, so wissen wir, ist nicht nur das Projekt einer europäischen Verfassung gescheitert (von der tatsächlichen Verfassung Europas ganz zu schweigen). Auch die Medien geraten in den Strudel «postfaktischer» Manipulationsversuche; und von deliberativer Demokratie kann angesichts der auf allen Kanälen demagogisch geführten Wahlkämpfe keine Rede sein. Die mediale Präsenz der türkischen Debatten ist jedoch gerade nicht das, was Habermas sich unter einer postnationalen Konstellation mit europäischer Öffentlichkeit vorgestellt hatte – eine Übertragung demokratischer Prozesse auf transnationale Instanzen ist ja gerade nicht das Ziel. Das Problem ist also nicht verfahrenstechnischer Natur, es ist vielmehr ein politisches im eigentlichen Sinn.

Die Vorbehalte gegen die Globalisierung verschaffen sich inzwischen an der Urne Luft. Die Rezepte gegen den Eindruck des Kontrollverlusts lauten Abschottung, das eigene Land «first», die Macht dem starken Mann (oder der starken Frau): zurück zum Nationalstaat! Es ist nicht etwa illegitim, solche Lösungen vorzuschlagen und demokratisch legitimieren zu lassen, aber aus zwei Gründen problematisch. Zum einen, weil die entsprechenden Programme die Demokratie auf ihren Kern, vielmehr ihr Gerüst oder, noch besser, ihr Skelett reduzieren wollen: die Macht der reinen Mehrheit – unter Preisgabe zentraler Errungenschaften einer liberalen Demokratie: freie Medien, eine unabhängige Justiz, Gleichheit der Geschlechter und Minderheitenschutz. Zum andern, weil sie ihre «Nation» durch Kommunikation und Migration in die anderen Nationen tragen – mitsamt ihren Konflikten. Und das führt zwangsläufig in das alte Regime der Nationalstaaten zurück: die klassische Souveränität, die auch geschlossener Grenzen bedarf. An die Stelle eines auch ökonomisch fruchtbaren Miteinanders tritt ein labiles Nebeneinander, beruhend auf Macht statt Recht.

So gesehen hat dieses transnationale Feiern einer nationalen Politik, wie wir sie derzeit in der medialen Öffentlichkeit mitbekommen, auch etwas Gutes: nämlich die Vergegenwärtigung dessen, was auf dem Spiel steht.

Der digitale Imperativ
AZ Nordwestschweiz, 1. Juni 2017

Ob beim amerikanischen Riesen Amazon oder der «Switzerland first»-Seite books.ch: Wer online bestellt, erhält nicht nur ungefragt Tipps, sondern wird auch später noch an seine Anfragen und Suchen erinnert. Dass wir laufend Spuren hinterlassen, die unser digitales Profil schärfen und uns zur Zielscheibe für Unternehmen machen, die uns noch «persönlicher» bedienen, ist die neue Normalität. Ein Ausweichen ist kaum möglich, ein Verzicht wenig dienlich, und der Anspruch, die Systeme zu überlisten, naiv. Für die Unternehmen hat die Digitalisierung längst den Status eines Imperativs. Wer nicht vom Markt verschwinden will, muss seine eigene «Disruption», wie sich der Angriff aus dem Silicon Valley ebenso selbstbewusst wie brachial nennt, ersinnen, bevor es jemand anderes tut.

Viel subtiler aber gestaltet sich die Digitalisierung von uns als Individuum – sofern die Bezeichnung «Individuum» im Meer von Big Data überhaupt noch angemessen ist. In der Menge erst ergeben sich Muster, die das reale Verhalten dieser Masse abbilden: Interessen, Vorlieben, Risikofreudigkeit, Bewegungen, Beziehungen. Damit können nicht nur Werbung und Marketing um ein Vielfaches gezielter gelenkt werden, es bieten sich auch Möglichkeiten für sehr viel präzisere Geschäftsmodelle – zum Beispiel für Versicherungen, die aufgrund aggregierter Daten ein Muster erhalten, das bestimmte Verhaltensweisen mit bestimmten Risiken verbindet, und ein entsprechendes Produkt kreieren, um sich allein auf diese Gruppe zu konzentrieren oder sie auch auszuschliessen, und zwar unabhängig davon, ob es sich beim Muster um eine Kausalität oder reine Korrelation handelt.

Muster statt Normen werden unsere gesellschaftliche Zukunft prägen. Klarheit über das «normale» Verhalten der Masse verfrachtet Ausnahmen gnadenlos an den Rand, um sie vielleicht eines Tages für unerwünscht zu erklären. Aus anfänglicher Bequemlichkeit wird Abhängigkeit wird Fügsamkeit. Aristoteles prägte den Satz, dass wir selbst für unsere Tugenden verantwortlich sind (und glücklich werden, wenn wir tugendhaft leben). Kant hielt uns mit seinem kategorischen Imperativ dazu an, so zu handeln, dass wir Beispiel für alle sein könnten. Gingen diese Urväter der Ethik noch vom Handeln des Einzelnen aus, kehrt der digitale Imperativ das Prinzip um: Es gilt das Muster. Pass dich ein, streng dich an, sonst fällst du durch. Und das kann bedeuten: kein Einkauf, keine Versicherung, kein Job. Es ist die Masse, die das Verhalten des Einzelnen «steuert» – und es sind Unternehmen, die dieses durch die digitalen Möglichkeiten auch punktgenau überwachen. Selbst wenn es ethisch bedenklich sein mag: Firmen werden nicht darum herumkommen, über Klicks, Schrittzähler und weitere Apps unser Sozial- und Gesundheitsverhalten zu messen, Daten zu sammeln und diese für sich auszuwerten. «Evidenzen» werden zur Norm im doppelten Sinn: Sie bilden das normale Verhalten ab und erklären es zur Norm. Die Perfektionierung wird zum obersten Prinzip; Abweichungen werden so weit als möglich eliminiert.

Michel Foucault hat all dies mit dem Begriff der «Bio-Macht», die sich über die Erzeugung, Regulierung und Kontrolle unserer Körper und Seelen manifestiert, vorausschauend beschrieben. Nie zuvor war die Realisierung dessen, was er als «Disziplinarindividuum» und «Normalitätsgesellschaft» bezeichnete, um die sich die Regierung als «pastorale Macht» sorgt, derart greifbar wie mit den heutigen technologischen Möglichkeiten. Da diese Macht heute weniger bei der Politik als bei den Datengiganten liegt, überrascht es nicht, dass sich auch Exponenten aus dem Silicon Valley für ein Grundeinkommen aussprechen. Wer nicht mehr für sich sorgen muss, verliert den letzten Rest an vitalem Eigeninteresse und wird erst recht manipulierbar.

Die Romane von Aldous Huxley (*Schöne neue Welt*, 1932), Juli Zeh (*Corpus delicti*, 2009) oder auch Dave Egger (*The Circle*, 2014) beschreiben ein derart manipuliertes Leben eindringlich. Das kürzlich publizierte Foto des «Apple Park», der neuen Zentrale des Computergiganten – es ist ein perfekter, geschlossener Kreis – ist ein nettes, kleines Zeichen dafür, dass wir aufgefordert sind, unsere individuellen Freiheitsrechte unter Bedingungen der Digitalisierung neu zu denken – und auszuhandeln.

Verzeichnis der erwähnten Werke

Acemoglu, Daron; James A. Robinson (2012): *Why Nations fail. The Origins of Power, Prosperity, and Poverty.* Crown Publishing: New York.

Arendt, Hannah (1951/2000): *Elemente und Ursprünge totaler Herrschaft. Antisemitismus, Imperialismus, totale Herrschaft.* Piper: München.

Arendt, Hannah (1958/2010): *Was ist Politik?* Piper: München.

Arendt, Hannah (1967/2017): *Wahrheit und Lüge in der Politik.* Piper: München.

Aristoteles (ca. 345-325 v. Chr./2012): *Politik.* Meiner: Hamburg.

Bodin, Jean (1576/2011): *Über den Staat.* Reclam: Stuttgart.

Bude, Heinz (2016): *Das Gefühl der Welt. Über die Macht der Stimmungen.* Hanser: München.

Collier, Paul (2014): *Exodus: Warum wir Einwanderung neu regeln müssen.* Siedler: München.

Freiburghaus, Dieter; Kreis, Georg (Hrsg.) (2013): *Der EWR – verpasste oder noch bestehende Chance?* Verlag Neue Zürcher Zeitung: Zürich.

Gentinetta, Katja (2002): *Toleranz ohne Grenzen? Globale Realitäten und die politische Kultur der Schweiz.* Haupt: Bern.

Gentinetta, Katja; Kohler, Georg (Hrsg.) (2010): *Souveränität im Härtetest, Selbstbestimmung unter neuen Vorzeichen.* Verlag Neue Zürcher Zeitung: Zürich.

Gentinetta, Katja (2014): «Europa als Herausforderung für die Demokratie», in: Scholten, Heike; Kamps, Klaus (Hrsg.): *Abstimmungskampagnen. Politikvermittlung in der Referendumsdemokratie.* Springer: Wiesbaden, S. 93–106.

Groth, Hans; Sousa-Poza, Alfonso (2012): *Population Dynamics in Muslim Countries.* Springer: Heidelberg, Dordrecht, London, New York.

Habermas, Jürgen (1998): *Die postnationale Konstellation. Essays.* Suhrkamp: Frankfurt a. M.

Hobbes, Thomas (1651/2004): *Leviathan.* Meiner: Hamburg.

Kant, Immanuel (1790/1974): *Kritik der Urteilskraft.* Suhrkamp: Frankfurt a. M.

Kuntz, Joëlle (2014): *Die Schweiz – oder die Kunst der Abhängigkeit. Zwischenruf.* Verlag Neue Zürcher Zeitung: Zürich.

Machiavelli (1513/1990): *Der Fürst.* Insel: Frankfurt a. M.

Müller, Jan-Werner (2016): *Was ist Populismus? Ein Essay.* Suhrkamp: Berlin.

Popper, Karl (1950/2003): *Die offene Gesellschaft und ihre Feinde.* Siebeck: München.

Rawls, John (1971/1975): *Eine Theorie der Gerechtigkeit.* Suhrkamp: Berlin.

Ridley, Matt (2011): *Wenn Ideen Sex haben. Wie Fortschritt entsteht und Wohlstand vermehrt wird.* DVA: München.

Rodrik, Dani (2011): *Das Globalisierungs-Paradox. Die Demokratie und die Zukunft der Weltwirtschaft.* C. H. Beck: München.

Rousseau, Jean-Jacques (1762/2000): *Vom Gesellschaftsvertrag.* Insel: Frankfurt a. M.

Tocqueville, Alexis de (1835/1985): *Über die Demokratie in Amerika.* Reclam: Stuttgart.

Tocqueville, Alexis de (1893/2010): *Erinnerungen.* Karolinger: Wien.

Vargas-Llosa, Mario (2016): «Literatur ist Rebellion», Interview in: *Neue Zürcher Zeitung,* 7.7.2016.

Weber, Max (1919/1992): *Politik als Beruf.* Reclam: Stuttgart.

Dank

Für die Herausgabe dieses Bands geht mein Dank zuerst an die Verlage *Aargauer Zeitung*, *Die Zeit*, *Handelszeitung* und *Neue Zürcher Zeitung* für die kritische Lektüre der eingereichten Gastbeiträge und die Freigabe zur nochmaligen Publikation. Meiner Mitarbeiterin Alicia Schärer danke ich für die sorgfältigen Zusammen- und späteren Umstellungen des Manuskripts. Dem Lektorat des Verlags NZZ Libro danke ich für die wenigen, aber gezielten Hinweise in der Schlussredaktion.

Mein Dank geht ausserdem an die Leserinnen und Leser, die mich durch ihre Rückmeldungen immer wieder darin bestärken, aktuelle Problemstellungen anhand politikphilosophischer Grundfragen zu erörtern. Danken möchte ich auch meinem Lehrer und Doktorvater Georg Kohler, der mir die politische Philosophie eröffnet hat. Allen voran danke ich meinem Mann Christoph, für alles.

Die Autorin

Katja Gentinetta (* 1968), Dr. phil., Studium der Philosophie, der Germanistik und der Geschichte in Zürich und Paris. Nach leitenden Positionen in Kultur und Verwaltung von 2006 bis 2011 Stv. Direktorin des Think-Tanks Avenir Suisse. Während vier Jahren Moderatorin der *Sternstunde Philosophie* am Schweizer Fernsehen. Seit 2011 selbstständige Politikphilosophin, Managing Partner von GENTINETTA*SCHOLTEN Wirtschaft Politik Gesellschaft, Lehrbeauftragte an den Universitäten St. Gallen, Luzern und Zürich sowie Verwaltungs- und Stiftungsrätin. Sie ist Kolumnistin bei der *AZ Nordwestschweiz* und moderiert zusammen mit Chefredaktor Eric Gujer die Sendung *NZZ Standpunkte*.

Bei NZZ Libro sind bisher erschienen:
Gentinetta, Katja; Scholten, Heike (2016): *Haben Unternehmen eine Heimat? Eine Studie. Ein Porträt. Ein Lesebuch zum Wirtschaftsstandort Schweiz.*

Gentinetta, Katja; Kohler, Georg (Hrsg.) (2010): *Souveränität im Härtetest, Selbstbestimmung unter neuen Vorzeichen.*

Gentinetta, Katja; Zenker, Christina (2009): *Die AHV – eine Vorsorge mit Alterungsblindheit.*

Bütler, Monika; Gentinetta, Katja (2007): *Die IV – eine Krankengeschichte. Wie falsche Anreize, viele Akteure und hohe Ansprüche aus der Invalidenversicherung einen Patienten gemacht haben.*

Katja Gentinetta, Heike Scholten
Haben Unternehmen eine Heimat?
Eine Studie. Ein Porträt. Ein Lesebuch zum Wirtschaftsstandort Schweiz
272 Seiten, gebunden, Schutzumschlag
ISBN 978-3-03810-104-8

«‹Haben Unternehmen eine Heimat?› Katja Gentinetta und Heike Scholten haben die eigenwillige Fragestellung in ausführlichen Gesprächen mit vielen Schweizer Wirtschaftsführern ergründet und eine positive Antwort gefunden. Unternehmen haben gute Gründe, sich an ihrem Standort politisch einzubringen und Verantwortung für das zu übernehmen, was letztlich die Qualität dieses Standortes bestimmt.» *Daniel Zulauf, Basler Zeitung*

Dieses Buch bietet ein Panorama der Schweizer Wirtschaftswelt: wichtige Standortfaktoren und Typen von Wirtschaftsführern, Analyse, Überblick und Ausblick auf den Wirtschaftsstandort Schweiz.

NZZ Libro – Buchverlag Neue Zürcher Zeitung
www.nzz-libro.ch